Maria Lang

Einmal auftanken bitte!

52 Atempausen für Mütter

neukirchener
aussaat

Die Bibelstellen sind der Übersetzung „Hoffnung für alle“ entnommen, © 1983, 1996, 2002 by International Bible Society. Übersetzung, Herausgeber und Verlag: Brunnen Verlag, Basel und Gießen. Verwendet mit freundlicher Genehmigung des Verlags.
Das Zitat S. 88 ist entnommen: C. S. Lewis, Die große Scheidung. Oder zwischen Himmel und Hölle, Übertragen von Helmut Kuhn, Johannes Verlag Einsiedeln, Freiburg [11]2008, S. 115f.

FSC
www.fsc.org
MIX
Papier aus verantwortungsvollen Quellen
FSC® C016439

Bibliografische Information der Deutschen Nationalbibliothek

Die Deutsche Nationalbibliothek verzeichnet diese Publikation in der Deutschen Nationalbibliografie. Detaillierte bibliografische Daten sind im Internet über http://dnb.d-nb.de abrufbar.

4. Auflage 2017

Umschlaggestaltung: Adriane Krakowski, Hamburg
unter Verwendung eines Bildes von © iStockphoto.com
Lektorat: Birgit Schubert, Moers
DTP: Breklumer Print-Service, Breklum
Verwendete Schriften: Aldus-Roman und Optima
Gesamtherstellung: Hubert & Co., Göttingen
Printed in Germany
ISBN 978-3-7615-5784-6

www.neukirchener-verlage.de

Inhalt

Vorwort 5
Kleine Vogellektion 8
Identität 10
Fluchtversuch 12
Leberblümchen 14
Alles in Balance 16
Aufrichtigkeit 18
Unterbrechungen 20
Spaßzeiten 22
Spieglein, Spieglein an der Wand 24
Schulter-Klopfer 26
Einander ertragen 28
Begeisterung 30
Umkehr 32
Dank 34
Abenteuerausflug 36
Freizeit 38
Freundschaft 40
Träume 42
Unkraut 44
Tellerakrobatik 46
Hochmut 48
Vom Bitten 50
Tritsch tratsch 52
Sonnenblumen 54
Vitamine 56
Angst vor dem Fallen 58
Vergangenes 60

Früchte 62
Lebenskünstler 64
Stürme 66
Neid 68
Lastenverteilung 70
Krankenhaustrauma 72
Freude 74
Sorgen 76
Negatives Denken 78
Reife 80
Sisyphus 82
Schokoglasur 84
Verzagtheit 86
Muttergefühle 88
Nach den Sternen greifen 90
Ordnung 92
Stress-Momente 94
Licht 96
Tüchtigkeit 98
Endlichkeit 100
Motivation 102
Geschenke 104
Dunkle Zeiten 106
Augenblicke 108
Visionen verwirklichen 110

Liebe Leserin,

für mich stand es eigentlich nie wirklich in Frage, ob ich Kinder wollte oder nicht, vorausgesetzt natürlich, dass ich den richtigen Mann dafür finden würde. Ich stamme selber aus einer sehr kinderreichen Familie und konnte mir eine Zukunft ohne Nachwuchs nicht wirklich vorstellen. Nun, ich hatte das Glück, meinen Mann bereits sehr jung kennenzulernen und wir genossen einige Jahre zu zweit, bevor unser erstes Kind geboren wurde.

Beide lieben wir das Reisen und lernten einiges von der Welt kennen, ehe wir beschlossen, „sesshaft" zu werden. Beruflich sammelte Georg in verschiedenen Firmen Erfahrung, bevor er sich als Unternehmensberater und Coach selbständig machte. Ich machte nach meiner Ausbildung zur Diplomkrankenschwester zuerst einen freiwilligen Hilfseinsatz bei den „Missionarinnen der Nächstenliebe" in Kalkutta und war danach in verschiedenen medizinisch-sozialen Bereichen tätig. Ehrenamtlich engagierten wir uns in der Jugendarbeit unserer Gemeinde, was unser Leben über viele Jahre hinweg sehr bereicherte.

Im Jahr 2003 kam dann Fritz zur Welt. Wir freuten uns schon beide sehr darauf, eine eigene Familie zu gründen. Doch wie sehr dieses kleine Baby unser Leben umkrempeln würde, ahnte ich damals, mit knapp 27 Jahren noch nicht. Wir lebten zu dieser Zeit in einer sehr kleinen Zweizimmerwohnung, die, wie wir dachten, auch ein paar Jahre mit Nachwuchs ausreichen würde.

Zwei Jahre später kam Benni zur Welt und es wurde nun tatsächlich sehr eng.

Es war keine leichte Zeit, und als mir nach drei Jahren endgültig die Decke auf den Kopf zu fallen drohte, beschlossen wir, die Rollen zu tauschen. Mein Mann blieb bei den Kindern, plante daneben unser Haus und führte den Haushalt und ich ging wieder voll arbeiten. Zuerst war ich mir nicht sicher, ob ich wirklich tauschen wollte, doch im Nachhinein gesehen hat uns dies als Familie gut getan. Georg konnte eine enge Vaterbeziehung zu beiden Kindern aufbauen und daneben sehr viel auf der Baustelle anwesend sein. Außerdem lernte er dadurch meine „Alltagssorgen" besser zu verstehen, auch wenn er vieles ganz anders anging als ich. Auch ich begann, die Dinge etwas realistischer zu sehen und genoss die wenige Zeit, die ich mit meinen Kindern verbringen konnte, umso mehr.

Seit etwa einem Jahr bin ich nun wieder als Vollzeit-Mutter tätig und seit 8 Monaten bereichert Sara unser Leben. Ich genieße es diesmal mehr denn je – auch wenn ich immer wieder an die Grenzen meiner Belastbarkeit stoße.

Mutter zu sein ist einer der herausforderndsten Jobs, die es gibt – 24 Stunden täglich, sieben Tage die Woche. Trotz aller Unterstützung gibt es nur selten Urlaub und Verschnaufpausen sind rar. Oft ist ein großer organisatorischer Aufwand nötig, um zu einer Stunde Ruhepause zu kommen.

So gilt es, jede nur erdenkliche Möglichkeit zur Entspannung zu nutzen, mitten im Alltag. Mal zehn Minuten kurz hingelegt, während das Baby schläft. Fünf Minuten Sonne genossen, während die Sprösslinge friedlich spielen. Nicht mal eben schnell noch die Wäsche erledigen oder die Geschirrspülmaschine ausräumen, sondern uns selber etwas Gutes tun. Nehmen wir uns diese wichtigen Pausen – uns selbst und unserer Familie zuliebe! Denn nur eine aufgetankte Mutter kann auch viel geben…

Für genau solche Atempausen wurde dieses Buch geschrieben. Mit zwei Kleinkindern zuhause entdeckte ich vor einigen Jahren das Schreiben für mich. Abend für Abend schrieb ich meine vielfältigen Alltagserfahrungen mit den Kindern auf. Da Gott seit meinem zwanzigsten Lebensjahr eine sehr wichtige Rolle in meinem Leben spielt, fließen auch viele geistliche Erfahrungen mit ein, genauso wie Erlebnisse auf meinen Reisen und aus meiner aktuellen Situation. Meine Lektorin, Birgit Schubert, hat mich dabei tatkräftig unterstützt und angeleitet, aus den vielen Aufzeichnungen ein gut lesbares, ermutigendes Andachtsbuch für Mütter zu gestalten.

Nimm es einfach zur Hand, wenn Du Dir etwas Gutes gönnen möchtest. Erheiterndes wirst Du darin finden, Geschichten von Niederlagen und Erfolgen, Nachdenkliches und eine Menge zum Schmunzeln. Ich wünsche Dir von Herzen, dass es Dir und Deiner Familie zum Segen wird und Deinen Alltag bereichert.

Maria Lang
Wieselburg im April 2010

www.langsamer.at
www.meinefamilie.at

Kleine Vogellektion

Manchmal finde ich es unglaublich und zeitweise sehr berührend, durch welch einfache Umstände Gott zu mir spricht. Dazu folgende kleine Geschichte:

Ich hatte gerade eine sehr anstrengende Woche hinter mir und brauchte dringend eine Pause. Endlich konnte ich eine Dreiviertelstunde Auszeit einplanen und wusste nicht, womit ich nun beginnen sollte. Ich wollte gleichzeitig Zeit mit Gott haben, lesen, duschen und ein wenig aufräumen. All das ist aber in nur 45 Minuten kaum zu schaffen. Stress! Okay, dachte ich mir, das Wichtigste zuerst. Die Zeit mit Gott brauche ich am allernötigsten, alles andere kann warten.

Kaum hatte ich in meiner Bibel zu lesen begonnen, bemerkte ich plötzlich einen kleinen unscheinbaren Vogel, der außen auf dem Fensterbrett gelandet war: ein Gartenrotschwanz, dunkelgrau mit rötlich-braunen Schwanzfedern.

Erst schenkte ich ihm keine große Beachtung, doch der kleine Vogel legte ein derart auffälliges Verhalten an den Tag, dass er mich bald ganz in seinen Bann zog.

Es war später Nachmittag und die warme Septembersonne fiel genau auf die Stelle, wo der Vogel saß. Nun blieb er aber nicht einfach ruhig sitzen, nein, er drehte und wendete sich, als würde er balzen. Dabei spreizte er seine Federn, sodass ich seine rosa Haut darunter erkennen konnte. Alle paar Sekunden verharrte er ruhig in einer Position, um sich bald darauf weiterzudrehen. Sehr neugierig geworden und etwas amüsiert, beobachtete ich diesen eigenartigen Tanz. Was hatte dieser kleine Vogel bloß im Sinn?

Doch dann wurde mir klar, wozu sein eigentümliches

Verhalten wohl diente: Er wärmte sich in der Sonne! Mein kleiner gefiederter Freund nutzte die letzten Strahlen der Sonne, um sich durch und durch von ihr anscheinen zu lassen. Deshalb plusterte er sich so auf, um möglichst viel Wärme aufnehmen zu können. Als er sich schließlich nach allen Seiten gedreht und gewendet hatte, zwitscherte er kurz und flog davon.

Ich war wie verzaubert. Das Ganze hatte vielleicht fünf Minuten gedauert. Dieser Vogel hatte diese kurze Zeit bestmöglich genutzt und genau das getan, wozu ich in meinem Leistungsdenken nicht fähig war. Er hatte Kraft und Wärme getankt, indem er fünf Minuten effektiv die Sonne genoss, einfach so, zwischendrin.

Gott ist wie die Sonne, die mich wärmen und mir Kraft schenken möchte, dachte ich, nur nehme ich mir so selten die Zeit, um dies auszukosten. Ständig habe ich Dringenderes und „Wichtigeres" im Sinn...

Eines Besseren belehrt, verbrachte ich die verbleibende Zeit damit, um innerlich zur Ruhe zu kommen und mich bei Gott zu wärmen - ganz nach dem Vorbild meines kleinen Freundes. Ich saß einfach da und genoss Seine Nähe, ließ mich von Seiner Liebe erfüllen. Und zum ersten Mal seit langem fühlte ich mich wieder richtig satt, zufrieden und aufgetankt, um die Dinge in Angriff zu nehmen, die nun weiter zu tun waren.

Kommt alle her zu mir, die ihr euch abmüht und unter eurer Last leidet! Ich werde euch Ruhe geben.

Mt. 11,28

Identität

Im Gespräch mit anderen Müttern merke ich oft, wie schnell wir unser Leben in zwei Abschnitte einteilen: die Zeit vor den Kindern und die Zeit danach. Erstere wird meist idealisiert, geschildert als die Zeit der Freiheit und der Unbeschwertheit, letztere eher als schwierig und aufreibend. Diese „Phase“ soll man zwar genießen, andererseits aber will man sie so schnell wie möglich hinter sich bringen, um dann endlich wieder arbeiten gehen zu können und „wieder wer“ zu sein.

Die Kleinkinderphase kommt mir wie eine Art „Niemandsland“ vor, in dem keiner lange verweilen möchte. Du tust nichts Interessantes, verdienst (fast) nichts, giltst nichts, um es ganz krass auszudrücken. Ach, du bist „nur“ zu Hause bei den Kindern? Mitleidige Blicke von rundherum. Mach dir nichts draus, das ist bald vorüber! Dann fängt das wahre Leben wieder an!

Wenn ich Jugendliche nach ihren Träumen frage, geht es meistens um Ausbildung, Beruf, Partner finden und so weiter bis zur Familiengründung, so als wäre das die Endstation aller Sehnsucht. Einer hat es sogar wörtlich ausgedrückt: „Wenn dann die Kinder da sind, kann man eh alles Weitere vergessen.“ Für viele ist dieser Zeitpunkt wirklich der Höhepunkt ihres Lebens – aber gleichzeitig auch der Endpunkt ihrer Träume.

In meinen ersten Jahren als Mutter habe ich gemerkt, wie sehr für mich Leistung und Identität zusammenhängen. Im Berufsleben bekommt man ja auch dementsprechend Anerkennung. Als Mutter war das auf einmal anders. Dabei tat mir der Austausch mit anderen Müttern sehr gut, vor allem mit denjenigen, die ehrlich waren. Eine von ihnen, die immer viel gearbeitet hatte, meinte: „Also, vor dem Kind hab ich eigentlich nicht gewusst, was Arbeiten heißt!" Ja, Kinder zu versorgen ist sehr herausfordernd - und das 24 Stunden am Tag und ohne Anspruch auf Urlaub. Ich finde, wir Mütter leisten täglich Großartiges! Und doch habe ich beschlossen, aus diesem Leistungs-Denken auszusteigen.

Denn meine wahre Identität ist nicht in dem begründet, was ich tue, sondern wer ich bin – vor allem, wer ich vor Gott bin. Er kennt mich, denn Er hat mich geschaffen, hat verschiedene Gaben in mich hineingelegt, damit ich dadurch Ihm die Ehre gebe und anderen diene. Momentan besteht mein Dienst an der Menschheit eben darin, unsere Kinder großzuziehen und andere Mütter dabei zu ermutigen. Erziehung ist ein spannender Prozess – ich gestalte und forme, und werde selbst dabei geformt. Mittlerweile bin ich sehr dankbar für diese Gelegenheit, innerlich zu wachsen und zu reifen. Denn die Dinge, die ich dadurch lerne, lerne ich für mein restliches Leben!

Aber uns, Herr, wirst du Frieden schaffen, denn dir verdanken wir alles, was wir erreicht haben. *Jes. 26,12*

Fluchtversuch

Als Benni ca. drei Monate alt war, drohte mir eines Abends die Decke auf den Kopf zu fallen. Mein gesamtes Leben schien nur noch aus Stillen, Haushalt, Kindern, Windeln und Wäsche zu bestehen. In der Hoffnung, dem Alltagstrott für ein paar Stunden zu entfliehen, organisierte ich spontan einen Babysitter, was glücklicherweise möglich war und fuhr allein ins Kino, das nur 5 Minuten entfernt lag. Der Filmklub spielte einen Film über die Mongolei und ich freute mich schon sehr darauf.

„Endlich fühle ich mich wieder wie ein normaler Mensch!" seufzte ich erleichtert und ließ mich mit einer großen Tüte Popcorn in den weichen Polstersessel fallen. Der Film hieß „Das weinende Kamel" und begann mit wunderbaren Naturaufnahmen. Seit langem spürte ich wieder das belebende Gefühl von Freiheit! Tatsächlich hatte mich das Fernweh ordentlich gepackt. Über den Inhalt des Films wusste ich nicht sonderlich genau Bescheid, nur eben, dass die Geschichte von mongolischen Nomaden handelte. Ein paar kurze Eindrücke von diesem weiten Land hatte ich einige Jahre zuvor auf einer Überland-Reise nach Indien gewonnen, die zwei Freundinnen und mich mit der Transsibirischen Eisenbahn quer durch die Mongolei führte. So war ich ganz gespannt, diesmal mehr über seine Leute zu erfahren.

Nun, so war es dann auch. Ich bekam Einblick in eine ganz normale Nomadenfamilie, mehr als mir vielleicht lieb war. Es ging nicht um wilde Abenteuer und Entdeckungsreisen, sondern ganz einfach um das mongolische Alltagsleben: Oma kochte und hütete das kleine Enkelkind, während die Männer und die Mutter sich um ihre Schaf- und Kamelherden kümmerten. Letztendlich drehte sich die gesamte Handlung um eine Kamelstute, die ihr neugeborenes Kalb nicht annehmen wollte. Alles Mögliche wurde unternommen, doch die Mutter wollte ihr Kind nicht säugen. Schließlich wurde ein Geigenspieler aus der Stadt geholt, der das Kamel mit seiner Musik zum Weinen brachte (daher der Titel), woraufhin es nun endlich sein Kleines akzeptierte. Das war die ganze Geschichte des Films, der übrigens drei volle Stunden dauerte! Ich war sprachlos. Da ging ich zum ersten Mal seit langem ins Kino, um endlich wieder Neues aus der großen weiten Welt zu erfahren - und worum drehte sich der Film? Um's STILLEN!!!! Irgendwie war das zu komisch! Ironie des Schicksals oder aber Gottes Humor?

Unweigerlich musste ich schmunzeln ... ja, ja. Das sieht dir wieder ähnlich, Gott. Und während ich mit dem Rad nach Hause fuhr, merkte ich, dass sich da in meinem Herzen etwas verändert hatte. Ich hatte etwas begriffen bezüglich „Freiheit" und „Entscheidung". Irgendwie wollte ich plötzlich gar nicht mehr weit weg, sondern heim zu meinem eigenen kleinen „Kamel".

Der Herr verändert uns durch seinen Geist, damit wir ihm immer ähnlicher werden und immer mehr Anteil an seiner Herrlichkeit bekommen. *2. Kor. 3,18*

Leberblümchen

Im Frühjahr, wenn endlich alles zu sprießen beginnt, freue ich mich jedes Mal neu über die Blumenpracht. Ich mache trotz matschiger Wege lange Spaziergänge durch die Wälder und suche gezielt meine weißen, gelben und lilafarbenen Lieblingsblumen. Erst wenn ich sie alle gefunden habe, bin ich zufrieden. Ich kann gar nicht sagen, welche Frühlingsblume ich bevorzuge. Nach dem langen kargen Winter bin ich so hungrig nach allem, was blüht, dass ich sie einfach alle besonders gern habe: die Schneeglöckchen, die Frühlingsknotenblumen, die Primeln, die Himmelschlüssel, die Leberblümchen und wie sie alle sonst noch heißen.

So war ich auch vor einigen Jahren im Frühling unterwegs, um mir einen kleinen Strauß dieser entzückenden Frühlingsboten zu pflücken. Ich fand sie alle - bis auf die Leberblümchen. So sehr ich auch suchte, in dem Wald, wo ich spazieren ging, schien es einfach keine zu geben. Etwas traurig trat ich den Heimweg an. Wie ein kleines Kind bat ich Gott, mir doch wenigstens ein einziges Leberblümchen zu schenken.

Ein paar Tage später waren mein Mann und ich mit einigen Jugendlichen auf einer Tagung. Das Wetter war schön und so beschlossen wir, in der Mittagspause einen Spaziergang zu unternehmen. Die kleine Gruppe hatte kaum unser Quartier direkt am Fluss verlassen, als ich sie entdeckte: Leberblümchen! Freudig hüpfte ich wie ein kleines Kind und jubelte über die vielen Leberblümchen, die an der Uferböschung wuchsen. Für die anderen war es unwichtig, aber für mich ein kostbarer Moment: Ich hatte Gott um ein einziges Blümchen gebeten und hier war die ganze Böschung voll... Gerührt blieb ich etwas zurück, um Gott dafür zu danken.

Als ich weiterging, merkte ich, dass dies erst der Anfang war: Links und rechts vom Weg erblickte ich richtige Seen aus lila Blüten. Tausende von Leberblümchen, so weit meine Augen reichten! Ich war sprachlos, gerührt, überwältigt. Für mich persönlich war das ein Zeichen der überschäumenden Liebe Gottes und ich war im Innersten davon berührt.

Seitdem denke ich jedes Mal mit Freude daran, wenn ich im Frühling die ersten Leberblümchen finde. Dieses Erlebnis hat sich tief in mein Gedächtnis gebrannt. Es hilft mir, Zeiten zu überdauern, in denen Gottes Liebe für mich nicht so spürbar ist und lässt mich nicht daran zweifeln, dass Er es hundertprozentig gut mit mir meint.

Ich will den Herrn von ganzem Herzen loben, alles in mir soll seinen heiligen Namen preisen! Ich will den Herrn loben und nie vergessen, wie viel Gutes er mir getan hat.

Ps. 103,1-2

Alles in Balance

Mama hält einfach alles zusammen – zumindest scheint das in den meisten Familien, die ich kenne, so zu sein. Ähnlich einem Mobile ist die Familie eine sehr empfindliche Konstellation von Personen, die im Gleichgewicht gehalten werden will. Jede kleinste Veränderung an den einzelnen Positionen beeinflusst auch die anderen. Die Geburt eines Geschwisterchens etwa ist so ein Ereignis, Scheidung oder der Tod eines Familienmitgliedes. Aber auch Veränderungen wie Krankheit, Probleme oder Schulanfang beeinflussen jeden einzelnen. Vorübergehend kommt alles ins Schwanken und es dauert eine Weile, bis sich wieder eine neue Balance eingestellt hat.

„Balance" ist so ein Modewort, das heutzutage oft und gerne verwendet wird. Tatsächlich brauchen wir in jedem Lebensbereich eine gewisse Ausgeglichenheit, um gesund zu bleiben und uns weiterentwickeln zu können. Natürlich kann sich nicht alles zu jeder Zeit im perfekten Gleichgewicht befinden, denn das Leben bringt immer wieder Veränderung und wir müssen uns deshalb auch immer wieder neu ausrichten. Doch letztendlich streben wir nach diesem halbwegs stabilen Zustand, der uns ein entspanntes Alltagsleben ermöglicht.

In einer wissenschaftlichen Unterhaltungssendung wurde folgendes Experiment durchgeführt. Die Aufgabe lautete: fülle einen Eimer mit großen und kleinen Steinen und mit Sand. Beginnt man allerdings mit den kleinen Bestandteilen, haben die großen (=die wichtigen Dinge) keinen Platz mehr. Legt man zuerst die großen Steine hinein, kann man die Hohlräume mit den kleinen Steinen auffüllen und zum Schluss hat sogar noch Sand Platz!

Ich ertappe mich immer wieder bei dem Versuch, möglichst schnell alles auszugleichen, alle neu entstandenen Bedürfnisse abzudecken. Doch oft verliere ich dabei meine eigene Mitte. In all dem chaotischen Durcheinander, das in solchen Veränderungsphasen oft herrscht, will ich nicht vergessen, ab und zu innezuhalten, mit Gott darüber zu reden und mir kleine Auszeiten zu nehmen. Erst im Ruhezustand sehe ich, wo und was „schief" hängt. Dann erst kann ich gezielt dort ansetzen, wo es am wichtigsten erscheint. Auch hier ist, wie in so vielen Bereichen, die Unterscheidung zwischen „dringend" und „wichtig" ausschlaggebend. Wichtig sind vor allem jene Dinge, die mir helfen, meinen eigenen Energiehaushalt ausgeglichen zu halten. Gott hat dies sogar in Seinen Geboten ausgedrückt: Nur wenn ich mich selbst liebe, wenn es mir gut geht, kann ich auch für andere da sein.

„Lehrer, welches ist das wichtigste Gebot im Gesetz Gottes?" Jesus antwortete ihm: „Du sollst den Herrn, deinen Gott, lieben mit ganzem Herzen, mit ganzer Hingabe und mit deinem ganzen Verstand! Das ist das erste und wichtigste Gebot. Ebenso wichtig ist das zweite: Liebe deinen Mitmenschen wie dich selbst." *Mt. 22,36-39*

Aufrichtigkeit

Neulich fragte mich Benni, fünf Jahre alt: „Mama, hat Sara ein schlechtes Gewissen?" „Nein, mein Schatz", erwiderte ich schmunzelnd, „Babys haben das noch nicht." Darauf er: „Was ist ein schlechtes Gewissen?" „Hmm, das ist so eine Stimme in deinem Inneren", versuchte ich ihm zu erklären, „die dir sagt, wenn etwas nicht okay ist. Wenn du zum Beispiel etwas kaputtgemacht hast, den Traktor von deinem Bruder, oder eine Fensterscheibe beim Ballspielen. Dann weißt du, oje, das war jetzt nicht so gut. Dein schlechtes Gewissen sagt dir, du solltest jetzt schnell zu Mami oder Papi gehen und es ihnen sagen. Wenn du es nicht tust, wirst du dauernd daran denken müssen." „Mami", bohrte er weiter, „ich möchte etwas von dir hören. Wann hast du ein schlechtes Gewissen?"

Tja, da kam ich schon ins Grübeln... Ich überlegte kurz. „Na ja, Benni", fing ich zögernd an, „auch ich mache natürlich Fehler. Wenn ich dich zum Beispiel anschreie, weil du nicht machst, was ich sage. Das ist nicht richtig. Wenn mir das dann bewusst wird, habe ich ein schlechtes Gewissen und ich entschuldige mich bei dir."

Darauf er ganz cool: „Aber letztes Mal hast du dich nicht entschuldigt." – Erwischt! Vor einigen Tagen war ich sehr gestresst gewesen und hatte mich im Ton vergriffen. Nun musste ich dafür geradestehen. Ausreden waren nun eindeutig fehl am Platz. „Es tut mir Leid, dass ich dich da so angeschrien habe. Es war nicht richtig von mir. Verzeih mir bitte!" Ich sah ihm in seine großen blauen Augen und merkte, wie wichtig dies für ihn war. Auch wenn ich manchmal einen anderen Eindruck habe, so merkte ich in diesem Moment, dass er alles, was ich sage und tue, genau beobachtet.

Fehler passieren jedem. Die Frage ist nur, wie wir damit umgehen. Ich war froh, dass Benni den Mut hatte, mich auf meinen Fehler hinzuweisen. Das war ihm nicht leicht gefallen. Und für mich war es auch nicht leicht, von meinem Sohn darauf angesprochen zu werden…

Ich scheitere als Mutter immer wieder an meinen Idealvorstellungen. Aber eines ist mir neu deutlich geworden nach diesem Gespräch: Ich will in meiner Ehrlichkeit und Aufrichtigkeit ein gutes Beispiel abgeben – denn diese bilden letztlich die Basis unserer Beziehungen.

Aufrichtigen Menschen verleiht Er Glück; Er hilft allen, die offen und ehrlich sind. Wer andere gerecht behandelt und Gott verehrt, steht unter Seinem Schutz. *Spr. 2, 7*

Unterbrechungen

Vor einigen Jahren teilte ich in Kalkutta mit zwei Freundinnen einige Monate lang ein Zimmer. Privatsphäre gab es keine, denn wir hielten uns in unserer Freizeit meist alle drinnen auf, da wir Europäerinnen trotz indischer Kleidung ständig angesprochen und angestarrt wurden. Da war es schon richtig erholsam, zu dritt in einem Raum zu sitzen, auch wenn das meinem Bedürfnis nach Alleinsein nicht ganz entsprach. Einmal war ich gerade sehr in mein Buch vertieft, als meine Freundin mich etwas fragte. Im ersten Moment kam Ärger in mir hoch, „Muss die mich jetzt stören, wo sie doch sieht, dass ich lese?" Doch ich bezwang meinen Unmut, war freundlich zu ihr und es ergab sich ein gutes Gespräch. Da kam ich zu der Erkenntnis: Es ist keine Katastrophe, wenn ich mal unterbrochen werde.

Nun, fast ein Jahrzehnt später, bekommt das Thema wieder Aktualität. Meine Abneigung gegen das Gestörtwerden ist zwar etwas geschrumpft, vorhanden ist sie aber immer noch. Doch sieht es in meinem Alltag momentan so aus, dass ich ständig bei allem, was ich tue, gestört werde. Wenn ich ein Buch nehme und darin lesen möchte, kommt mein Zweijähriger sofort herbei und will, dass ich ihm vorlese. Will ich mit einer Freundin in Ruhe telefonieren, heißt es „Fritzi auch!" und ignoriere ich diese Forderung, gibt's ein Mega-Gebrüll. Will ich mit jemandem, der zu Besuch da ist, in Ruhe reden, dauert es nicht lang und Fritz wirbt mir meinen Gesprächspartner charmant ab, indem er ein Auto hochhält und bittet: „Fritzi pieln!" Fast keiner kann sich dieser süßen Kleinkinder-Bitte erwehren und das Gespräch ist zumindest vorübergehend beendet. Es geht sogar so weit, dass der Kleine mir bis aufs Klo nachläuft und mir bei meinen „Geschäften" zusehen will, worauf ich ihn dann meist einfach vor die Tür setze und zusperre. Wolfsähnliches Geheul draußen, drinnen ein verbissenes Gesicht: „Ja, ich habe ein Recht darauf, allein aufs Klo zu gehen!" Ich habe auch ein Recht darauf, ungestört ein Gespräch zu führen, aber das mache ich jetzt besser abends.

Und doch habe ich mich langsam daran gewöhnt, dass das Unterbrochenwerden zu meinem Leben gehört. Was mich vor allem fasziniert, sind die Fähigkeiten, die ich dadurch momentan im Zuhören entwickle. So sah z. B. ein Gespräch mit einer Freundin vor kurzem folgendermaßen aus: Wir saßen mit den Kindern vor ihrem Haus, mitten im Baulärm der Straße und plauderten. Die Buben kommentierten begeistert das Geschehen. So führten wir zu fünft kreuz und quer verschiedene Konversationen und bekamen trotzdem ein halbwegs sinnvolles Erwachsenengespräch zustande!!! Also das nenn' ich schon eine Meisterleistung der Kommunikation! Das alles lernt man nur durch die Herausforderung im Ständig-unterbrochen-Werden!

Ich bin Gott von Herzen dankbar für die Veränderung in meinem Leben. Denn mitten im größten Trubel finde ich nun immer wieder die Gelassenheit, die ich mir früher so sehr wünschte – und kann sogar über so manche „schwierige" Situation schmunzeln...

Darum geben wir nicht auf. Wenn auch unsere körperlichen Kräfte aufgezehrt werden, wird doch das Leben, das Gott uns schenkt, von Tag zu Tag erneuert. 2. Kor. 4,16

Spaßzeiten

Lachen ist gesund, heißt es immer wieder. Sogar in der Medizin gibt es bereits die sogenannte „Lachtherapie", die sich positiv auf den Heilungsverlauf der Patienten auswirken soll.

Ich bin ein humorvoller Mensch, auch wenn ich gleichzeitig eine sehr nachdenkliche Seite habe. Bei meinen Arbeitskollegen war ich berüchtigt für meine kleinen spontanen Scherzeinlagen ...

Humor öffnet unsere Herzen. Kinder lachen besonders gerne und bei jeder Gelegenheit. Sie erfinden selbst immer wieder neue Späße, über die sie von ganzem Herzen lachen können. Auch meine Kinder haben diese natürliche Gabe, sich an den einfachsten Dingen zu amüsieren.

Doch immer wieder ertappe ich mich im Alltag dabei, wie ich sie ermahne, doch endlich mit ihren Scherzen aufzuhören und ruhig zu sein. Morgens sollen sie sich beeilen, um rechtzeitig zum Schulbus zu kommen. Zu Mittag wird erst mal gegessen, und beim Essen dulde ich keine Blödeleien. Dann ist noch dies und das zu erledigen. Der Nachmittag geht schnell vorbei, und dann gilt es, sich in Ruhe auf das Abendritual einzustimmen. Ehe ich mir dessen bewusst bin, ist der Tag vorbei, ohne dass wir gelacht hätten. Manchmal beginnen meine zwei Burschen dann kurz vor dem Schlafengehen noch eine Spaßaktion, indem sie etwa beim Zähneputzen im Spiegel Gesichter schneiden oder mit ihren Zahnbürsten Scheingefechte austragen. Doch dann kommt Mama mit strenger Miene und gebietet dem ausgelassenen Treiben Einhalt. Diese Zeit passt nämlich am allerschlechtesten, um Späße zu machen.

Doch wann darf dann gelacht werden? Nur am Wochenende? Im Urlaub? Ich habe bemerkt, dass ich in dem krampfhaften Versuch, mein volles Leistungsprogramm zu absolvieren, immer weniger Freude im Alltag verspürte.

Schockiert über diesen Zustand habe ich den Vorsatz gefasst, mehr Spaß in unseren Familienalltag zu bringen. So beschloss ich, meine Kinder fortan täglich mindestens einmal zum Lachen zu bringen. Eine Zeitlang klappte es ganz gut, doch bald vergaß ich meinen Vorsatz und der „Ernst des Lebens" nahm wieder überhand.

So kam ich auf die Idee, bewusst „Spaßzeiten" in unseren Alltag einzubauen. So albern wir jetzt bei jeder sich bietenden Gelegenheit zwischendurch herum. Benni ist unser Familienclown und versteht es prächtig, uns zu unterhalten. Fritz hingegen ist ein Spezialist darin, unsere Sara zum Lachen zu bringen. Wenn sie so vergnügt vor sich hingluckst, wirkt dies wunderbar ansteckend auf uns alle…

Ich merke, wie gut es tut, die Dinge manchmal nicht ganz so eng zu sehen und nicht alles so furchtbar ernst zu nehmen – vor allem auch mich selbst. Und außerdem haben wir in Jesus Christus ja jeden Grund zur Freude! Nehmen wir uns also die Freiheit, dies öfter zum Ausdruck zu bringen!

Einen fröhlichen Menschen erkennt man an seinem strahlenden Gesicht, aber einem verbitterten fehlt jede Lebensfreude. *Spr. 15,13*

Spieglein, Spieglein an der Wand ...

Es gibt einen Einrichtungsgegenstand, zu dem ich lange Zeit ein sehr gespaltenes Verhältnis hatte – der Spiegel. Egal, wo dieser sich in Wohnung oder Haus befand, ob im Flur, im Bad oder sonstwo, ich begegnete ihm auf höchst sonderbare Art – und da geht es bestimmt vielen Frauen ähnlich:

Entweder ich mied seinen Anblick (bzw. meinen Anblick in ihm) generell und huschte nur flüchtig vorbei. Oder aber ich betrachtete mich in ihm mit so übergenauem, kritischem Blick, bis ich endlich alle meine körperlichen Makel gefunden hatte und überzeugt war, dass mein Anblick eher unerfreulich ist.

Natürlich ist diese Darstellung etwas übertrieben, doch ganz ehrlich, was würdest Du antworten, wenn Du in einer Umfrage folgende zwei Wahlmöglichkeiten hättest:

Entweder a) Mein Spiegelbild erfreut mich sehr und ich danke meinem Schöpfer jedes Mal für meinen herrlichen Körper.

Oder b) Mein Spiegelbild verunsichert mich, ich schaue eher auf die meiner Meinung nach unperfekten Partien und versuche sie zu kaschieren.

Hand auf's Herz, ein Großteil von uns Frauen würde eher mit b) antworten.

Ich selber ertappe mich immer wieder dabei, dieses und jenes an meinem Äußeren zu bemängeln, vor allem jetzt nach drei Entbindungen.

Als ich kürzlich nackt vorm Badezimmerspiegel stand, meinen schlaffen Bauch und meine deutlich nach unten ziehende Oberweite betrachtend, fragte ich mich selber: Wie geht es mir eigentlich, wenn ich mich so ansehe? Kann ich Gott von Herzen „Danke“ sagen für mich, so wie ich bin und aussehe? Mit einem Mal überkam mich eine Welle der Barmherzigkeit für meinen Körper. Ich schaute mir selbst tief in die Augen und begann, mich bei ihm zu entschuldigen. Zum ersten Mal redete ich zärtlich mit ihm, dankte ihm für alles, was er bisher geleistet hat, dafür, dass er bereits drei Kinder beherbergt, genährt und geboren hat, dass er so gut funktioniert und nicht zuletzt meiner Seele und meinem Geist Wohnung bietet.

Es tat mir plötzlich sehr leid, wie unzufrieden und undankbar ich bisher oft gewesen war. So bat ich auch Gott um Vergebung für meine falsche Sichtweise und dankte Ihm von Herzen für dieses Geschenk. Seitdem fühle ich mich viel wohler in meiner Haut, und der Blick in den Spiegel erfüllt mich (meist) mit Dankbarkeit und Freude.

Herr, ich danke dir dafür, dass du mich so wunderbar und einzigartig gemacht hast! Großartig ist alles, was du geschaffen hast – das erkenne ich! *Ps. 139,14*

Schulter-Klopfer

In unserer Familie ist es nun seit einiger Zeit Tradition, als Zeichen besonderer Anerkennung sogenannte Schulterklopfer zu verteilen. Falls jemand damit nicht vertraut sein sollte – der zu Belohnende erhält dabei freundschaftliche Klapse auf die Schulter bzw. den Rücken, die je nach Temperament und Kraft des Klopfers mehr oder weniger heftig ausfallen können.

Schulterklopfer erhält man bei uns für besondere Leistungen jeglicher Art, wie zum Beispiel für die ausdauernde Mithilfe beim Unkrautjäten, für's Tragenhelfen der Einkäufe vom Auto zum Haus, für besonders flottes und gründliches Aufräumen der Spielsachen, aber auch für einen Verzicht (der andere darf beim Spielen anfangen).

Fritz und Benni sind mit sechs und vier Jahren momentan sehr motiviert, ihre Aufgaben zu erledigen, wenn so ein Schulterklopfer als Belohnung winkt.

Von Zeit zu Zeit kommen auch wir Eltern in den Genuss solcher Anerkennungsgesten, manchmal völlig unerwartet. Einmal hockte ich gerade in irgendeine Tätigkeit versunken am Boden, als Benni von hinten an mich herantrat und mich in seiner impulsiven Art mit ganzer Kraft mitten auf den Rücken schlug. Im ersten Moment blieb mir die Spucke weg und ich wollte schon anfangen zu schimpfen, was das denn solle, als er ganz treuherzig hinzufügte: „Mama, das hast du ganz toll gemacht, unser Zimmer aufgeräumt. Danke, liebe Mami!"

Natürlich konnte ich ihm nun nicht mehr böse sein. Irgendwie dürfte Benni unser Ritual so verstanden haben, dass, je fester man klopft, desto größer das Lob sei. Dieses Missverständnis hab ich natürlich gleich ausgeräumt, um weitere derartige Attacken aus dem Hinterhalt zu vermeiden. So besteht diese Tradition nun in etwas sanfterer Manier weiter und bringt Freude und Heiterkeit in unseren Alltag.

Es gibt noch viele andere Möglichkeiten, unsere gegenseitige Wertschätzung auszudrücken. Lob und Anerkennung ist eine der „fünf Sprachen der Liebe", die Gary Chapman in seinen Büchern genauer beschreibt. Wir Menschen brauchen es, immer wieder zu hören und zu spüren, wie wichtig wir für andere sind. Für diejenigen, die diese „Liebessprache" sprechen, wie z. B. Georg, ist dies von besonderer Bedeutung. „Auf jede kritische Äußerung sollten fünf positive folgen" hieß es in dem Ehekurs, den wir vor einigen Jahren besuchten. Das schaffe ich bei weitem nicht. Ich weiß, dass ich viel nörgle und wenig lobe. So möchte ich mir folgenden Bibelvers wirklich zu Herzen nehmen und mich darin üben, meinen Mitmenschen in einer positiven, wertschätzenden Grundhaltung zu begegnen. Das Gute sehen anstatt die Fehler der anderen mit der Lupe zu suchen. Und vor allem das, was ich an Positivem wahrnehme, auch zu kommunizieren. Gott verhält sich ja mir gegenüber genauso und von Ihm darf ich dies Tag für Tag neu lernen.

Weder Eigennutz noch Streben nach Ehre sollen euer Handeln bestimmen. Im Gegenteil, seid bescheiden, und achtet den anderen mehr als euch selbst. Denkt nicht an euren eigenen Vorteil, sondern habt das Wohl der anderen im Auge.

Phil. 2,3-4

Einander ertragen

Es gibt Tage, die sollte man einfach überspringen können. Oder verschlafen. Oder zumindest rückwirkend auslöschen. Ungeschehen machen.

Heute war wieder so ein Tag. Ich habe es am Morgen schon irgendwie gespürt, als ich trotz genügend Schlaf nicht erholt aufwachte. Mein Mann kam etwas später als sonst aus seinem Nachtdienst als Erzieher in einem Internat. Auch er schien müde zu sein und wollte nur seine Ruhe. Nicht einmal eine morgendliche Umarmung war drin, was mich etwas kränkte. Denn mir sind solch kleine Aufmerksamkeiten sehr wichtig – genauso wie ein kurzer Gedankenaustausch, bevor jeder wieder seinen Tagesgeschäften nachgeht.

Okay, dachte ich mir, ich lasse ihn erst mal in Ruhe ankommen und mache noch ein paar Erledigungen. Als ich nach etwa einer Stunde zurückkam, versuchte ich erneut, mit Georg ins Gespräch zu kommen. Doch er reagierte immer noch abweisend, was ich einfach nicht verstand. Besuch hatte sich angesagt und ich wollte die gemeinsame Zeit noch nutzen, bevor Georg zu Mittag wieder zum Dienst ging. Erst schmollte ich, dann begannen wir zu diskutieren.

Die Freundin läutete an der Tür, bekam mit, dass hier dicke Luft herrschte und fragte, ob sie später kommen solle. Ich bat sie trotzdem herein und plauderte mit ihr. Vielleicht ginge es nach einer weiteren Pause besser mit meinem Mann.

Als sie wieder fort war, diskutierten wir weiter, es entwickelte sich ein richtiger Streit, und als sowohl unsere Energie als auch unsere Zeit aufgebraucht waren, musste Georg gehen. Na toll. Keine Aussicht, das heute noch in

Ruhe zu klären, außer am Telefon. Überhaupt war diese Woche wieder mal viel zu voll, wir hatten keinen einzigen Abend zu zweit. Und dann zerstörten wir uns diese kostbare Oase am Vormittag mit blöden Streitereien. Traurigkeit und eine riesige Leere blieben in meinem Herzen zurück.

Ich tat mir wirklich sehr leid. Doch gnadenlos verging die Zeit, das Mittagessen musste gekocht werden. Die Kinder wollten versorgt sein und beanspruchten meine volle Aufmerksamkeit. Als ich kurz nach dem Essen mit den Großen eine Dinosaurier-Doku am Computer ansah, krachte es plötzlich. Sara, die schon erstaunlich mobil war, hatte eine Zimmerpflanze mitsamt dem Topf vom Regal gerissen. Sie selber hatte nichts abbekommen, aber dafür war das halbe Wohnzimmer übersät mit Erde. Auch das noch! Während ich saubermachte, wurden Fritz und Benni ungeduldig und begannen zu raufen. Der Rest des Tages verging damit, Streit zwischen den beiden zu schlichten und die quengelige, zahnende Sara herumzutragen.

Als dann am Abend alle im Bett waren, konnte ich endlich in Ruhe meine Gedanken und Gefühle ordnen.

Gott, warum gibt es solche verflixten Tage? Wo nichts funktioniert, wo unser Zusammenleben zum gegenseitigen Ertragen wird…?

Ich habe darauf keine Antwort. Nur, dass es manchmal einfach so ist. Und dass wir es aushalten sollen – um Gottes Willen.

Überhebt euch nicht über andere, seid freundlich und geduldig! Geht in Liebe aufeinander ein! Setzt alles daran, dass die Einheit, wie sie der Geist Gottes schenkt, bestehen bleibt durch den Frieden, der euch verbindet. Eph. 4,2-3

Begeisterung

Mit unserem zweijährigen Fritz unternahm ich einmal eine kleine „Expedition" zu einem nahe gelegenen Tümpel. Ich wollte der Wohnungsenge entfliehen und ein wenig auftanken. Fritz liebt es, Steine ins Wasser zu werfen. Also haben wir zuerst Steine gesammelt, die ich dann tragen musste, bis wir am Teich angelangt waren. Müde ließ ich mich ins Gras fallen.

Fritz machte sich gleich daran, den Rucksack zu leeren. Doch nach ein paar Steinwürfen hatte er das Interesse verloren und wollte zu einem anderen Ort. Ärgerlich folgte ich ihm. Ich hatte insgeheim gehofft, einfach in Ruhe daneben sitzen zu können, während er beschäftigt war. Keine Chance. Nachdem wir dreimal unseren Standort gewechselt und von überall Steine geworfen hatten – Mama natürlich auch – wollte ich ihn dazu überreden, nun endlich zurückzugehen, da die ersehnte Entspannung wohl für mich nicht zu finden war. Doch Fritz streikte. „Geh' ma Blume dahinten", meinte er und deutete auf ein paar leuchtend gelbe Dotterblumen. „Ich will nicht mehr!", jammerte ich. Doch eine innere Stimme hieß mich gehen und ich gab nach. „Na gut, aber nur ganz kurz."

Voller Freude stapfte mein kleiner Sohn mir voran, quer durch den matschigen Sumpf, bis wir am ersehnten Ort ankamen. Plötzlich entdeckte ich im Wasser kleine schwarze Punkte, die sich bewegten. Begeistert rief ich aus: „Fritz, schau, da sind Kaulquappen!" Und die nächste halbe Stunde verbrachten wir damit, diesen kleinen Tierchen zuzuschauen, sie aus dem Wasser zu fischen, sie in der hohlen Hand ein wenig zu beobachten, um sie dann wieder zurückzuwerfen. Es war richtig spannend! Und was mich am meisten faszinierte, war die kindliche Begeisterung, die mich durch meinen Zweijährigen plötzlich gepackt hatte und die bewirkte, dass die Zeit wie im Flug verging.

Ich war „live dabei“ und hatte von meinem Sohn an diesem Nachmittag wieder neu die Freude an ganz einfachen Dingen gelernt. Wir hatten ein richtiges Abenteuer gemeinsam erlebt, von dem wir dem wartenden Papa daheim berichten konnten! Und als wir so nach Hause hüpften, glücklich, erfrischt und Hand in Hand, dachte ich mir: „Kinder, ist das Leben nicht einfach wunderbar schön?!!“

Verlass dich nicht auf deine eigene Urteilskraft, sondern vertraue voll und ganz dem Herrn! Denke bei jedem Schritt an ihn; er zeigt dir den richtigen Weg und krönt dein Handeln mit Erfolg. *Spr. 3,5-6*

Umkehr

Georg und ich zelteten vor vielen Jahren mitten in einem Naturpark, um von dort aus einige Wanderungen zu unternehmen. Zu unserer Orientierung hatten wir nichts als einen Reiseführer mit einigen ungenauen Karten und einen Kompass mit. Die Wege waren nur sehr spärlich markiert und so standen wir des öfteren und rätselten an einer Kreuzung, wo es denn nun weiterginge. Doch meist fanden wir unseren Weg, indem wir einfach drauflos marschierten. Mein Motto war damals: Hauptsache vorwärts, irgendwo werden wir schon hinkommen. Es machte mir nichts aus, Umwege zu gehen, solange ich nur nicht umkehren musste.

Bei einer dieser Wanderungen waren wir vom Weg abgekommen, doch ich war mir ganz sicher, dass es eine Abkürzung gab, die auf unsere ursprüngliche Route zurückführte. Energiegeladen und starrsinnig wie ich war, bahnte ich mir einen Weg durch das dichte Gestrüpp. Georg, der sich der Sache nicht so sicher war, folgte mir zögernd. Die Vegetation wurde immer dichter, doch ich kämpfte mich wacker voran. Je schwieriger es wurde, desto fester biss ich die Zähne zusammen. Mein Mann fragte mich alle paar Minuten, wo ich denn hin wolle. Das wusste ich natürlich selber nicht und deshalb wies ich nur in die Richtung, die der Kompass anzeigte und strebte umso verbissener auf mein undefinierbares Ziel zu. Wenn ich heute zurückdenke, wundere ich mich wirklich über Georgs Geduld. Er ließ mich tatsächlich so lange weitermachen, bis ich völlig erschöpft war. Mit zerschundenen Armen und Knien war ich endlich bereit, eine Verschnaufpause einzulegen. Wir waren umgeben von dornigem Gestrüpp, so weit das Auge reichte. „Maria!“, meinte er. „Es hat absolut keinen Sinn, hier weiterzugehen. Wir müssen zurück zu dem Punkt, wo wir uns noch orientieren konnten.“ „Ich will aber nicht zurückgehen!“, weigerte ich mich trotzig. Georg sprach auf mich ein wie auf ein kleines Kind. Nach langem Hin und Her und einigen Tränen gab ich schließlich auf.

Etwa eine halbe Stunde später standen wir wieder an einer Weggabelung und fanden den richtigen Pfad, der uns zum Zeltplatz führte. Erleichtert und trotzdem ein wenig sauer, brachte ich nur ein kurzes „Danke“ hervor.

Warum in aller Welt war es mir dermaßen schwergefallen, zurückzugehen, mir einzugestehen, dass ich einen Fehler gemacht hatte? Wie stolz und kindisch von mir!

Im Laufe der Jahre musste ich erst lernen, Gott die Führung in meinem Leben zu überlassen. In kindlichem Vertrauen dürfen wir Ihm folgen und Seine Korrektur annehmen, auch wenn das nicht immer einfach ist. Heute staune ich, an welch unglaubliche Orte Er mich immer wieder führt!

Oft sehe ich in meinen Kindern diese „alte“ Maria wieder, wenn sie nur ungern Fehler eingestehen und dagegen ankämpfen, sich von mir korrigieren zu lassen. Doch ich habe erkannt, dass dies im Leben sehr wichtig ist und bemühe mich, in der Erziehung konsequent zu sein. Momentan sind sie sauer, doch für ihr weiteres Leben lernen sie etwas ganz Wesentliches.

Mein Sohn, wenn der Herr dich zurechtweist, dann sei nicht entrüstet, sondern nimm es an, denn darin zeigt sich Seine Liebe. Wie ein Vater den Sohn erzieht, so erzieht dich auch der Herr.

Spr. 3,11

Dank

In der Hauskrankenpflege hatte ich viel mit älteren Leuten, vor allem Frauen, zu tun und hörte mehrmals die verbitterte Klage: „Alles hab' ich für meine Kinder getan, alles aufgegeben, gespart, aber sehen Sie, sie danken es mir nicht. Die meiste Zeit bin ich allein, und wenn sie dann kurz einmal vorbeikommen, wollen sie nur Geld. Ist das der Dank dafür?" Wenn ich diese Frauen in all ihrer Enttäuschung ansah, dachte ich mir oft: „Nein, so will ich einmal nicht enden. Ich will nicht alles für die Kinder aufgeben und dann von ihnen dafür Dank erwarten. Lieber möchte ich selber darauf achten, dass es mir gut geht!"

Trotz der guten Vorsätze kam das Bedürfnis nach Dank und Anerkennung dann doch auch in mir hoch, als ich ein paar Jahre später mitten im Leben mit kleinen Kindern steckte. Ich wollte spüren, dass das, was ich tat, Sinn hatte. Dass meine Bemühungen, die mich oft sehr viel kosteten, auch etwas bewirkten. Ja, ich lechzte regelrecht nach Lob und einem ausgedrückten „Dankeschön", abgesehen von den Muttertags-Aktionen einmal im Jahr. Nicht, dass ich all das nur des Dankes wegen mache – aber mir tut es einfach manchmal gut, von meiner Familie einen Schulterklopfer zu bekommen.

Darf man von den Kindern Dank erwarten? Haben wir Mütter und Väter ein Recht darauf? Sind die Kinder uns verpflichtet oder wir ihnen? Viele derartige Fragen beschäftigten mich damals und werden mich wohl in verschiedenen Lebensphasen immer wieder beschäftigen. Mir wurde es sehr deutlich, dass ich als Mutter eine sehr wichtige Aufgabe zu erfüllen habe. Und auch wenn der – für mich wichtige – Lohn nicht in bar ausgezahlt wird, werde ich die Früchte meiner Arbeit immer mal wieder erkennen. Still und leise, mitten im Alltag.

Fritz hatte als Zweijähriger die allabendliche Gewohnheit, sich im Bett noch ein oder zwei Lieder zu wünschen, deren Thema er selbst festlegte. So gab es z. B. ein Traktor-Lied, ein Kuh-Lied u.s.w. Mein Mann und ich durften uns abwechselnd die Stegreif-Texte dazu selber überlegen und langsam bekamen wir Routine darin, spontan Lieder zu dichten. Eines Nachmittags bemerkte ich, wie Fritz ganz vertieft mit seinen Autos spielte und dazu sang. „Traktor, Bagger, fahr'n im Kreis herum, brumm, brumm…" Gerührt musste ich schmunzeln. Ja, dieses Lied hatte ich ihm gestern Abend vorgesungen, mit vielen Strophen, in denen sämtliche Fahrzeuge vorkamen. „Er hat sich das alles gemerkt", dachte ich begeistert. „Es ist also wirklich nicht umsonst, wenn ich mir jedes Mal ein neues Lied überlege! Es ist die Mühe wert!"

Und so ist jede Kleinigkeit, die wir aus Liebe für unsere Kinder tun, absolut sinnvoll. Selbst wenn sie vieles nicht bemerken oder für selbstverständlich halten, gibt es Einen, dem mit Sicherheit nichts entgeht, was wir mit Liebe tun, besonders die kleinen, unscheinbaren Dinge. Wenn ich dann abends mit Gott über den vergangenen, arbeitsreichen Tag spreche, ist Er es, der meinen Blick auf diese kleinen Begebenheiten lenkt und mir die Bestätigung schenkt, dass ich auch an diesem Tag meine Aufgaben gut erfüllt habe.

Werdet nicht müde, Gutes zu tun. Es wird eine Zeit kommen, in der ihr eine reiche Ernte einbringt. Gebt nur nicht vorher auf!
Gal. 6,9

Abenteuerausflug

Meine Eltern waren nie sonderlich begeistert von Freibädern und überfüllten Badeteichen, und so verbrachten meine Geschwister und ich zusammen mit meinen Eltern die heißen Tage meist am Ufer der Ybbs, einem relativ naturbelassenen Fluss, um uns abzukühlen. Für uns Kinder waren das sehr abenteuerliche Ausflüge und es wurde dort nie langweilig. Es gab so viel zu entdecken und zu unternehmen! Stundenlang bauten wir Staudämme oder kleine Planschbecken aus den rundgeschliffenen Steinen, beobachteten die vielfältige Tierwelt und bauten uns Burgen am unbefestigten Ufer. Von Zeit zu Zeit wagten wir uns auch tiefer ins Wasser, doch immer mit Vorsicht, denn die Strömung war zum Teil sehr stark.

An einem Tag waren wir besonders unternehmungslustig, und mein Bruder Markus und ich – wir mochten damals sechs und neun Jahre alt gewesen sein – wollten es zusammen mit unserem Vater wagen, ans andere Ufer zu waten.

Bis zur Mitte des Flusses ging alles gut. Wir hielten uns an den Händen, um auf den glitschigen Steinen nicht auszurutschen. Doch dann wurde das Wasser allmählich tiefer und reichte uns Kindern schließlich bis an die Brust. Wir bekamen es mit der Angst zu tun. Die Strömung war so stark, dass sie uns die Füße vom Boden wegriss, und wir hielten uns beide verzweifelt an unserem Vater fest. Schreiend klammerten wir uns an seine Arme wie zwei kleine hilflose Äffchen, doch er, durch uns etwas aus dem Gleichgewicht geraten, konnte weder vor- noch zurückgehen! Einige Minuten lang kämpfte er gegen die Naturgewalten an, bis er endlich festen Halt fand und uns alle heil ans andere Ufer brachte.

Völlig erschöpft und zitternd lagen wir dann auf den sonnengewärmten Steinen, um uns von dem Schrecken zu erholen. Wir beschlossen einstimmig an einer anderen, seichteren Stelle zurückzugehen.

So sehr ich mich in der Situation zuvor auch gefürchtet habe – ich habe eigenartigerweise keine Sekunde daran gezweifelt, dass mein Vater es schaffen würde. Es kam mir einfach nicht in den Sinn, dass vielleicht auch er den Halt verlieren könnte. Ich hatte diese tiefe Gewissheit im Herzen, dass egal, wie schlimm es auch kommen mochte, unser Vater uns da herausholen würde.

Und dieses Vertrauen wurde nicht enttäuscht.

Im Alltag, der nett und geordnet dahinplätschert, denke ich oft, alles gut im Griff zu haben und vertraue in erster Linie mir selbst. Doch kaum weht der Wind etwas stärker, wird mir bewusst, wie wenig ich eigentlich in der Hand habe und wie leichtsinnig es ist, mich allein auf mich selbst zu verlassen.

Wenn alles zu zerbrechen droht, nichts mehr uns hält, ist Gott es, an den wir uns verzweifelt klammern können.

Gott sagt: „Er liebt mich von ganzem Herzen, darum will ich ihn retten. Ich werde ihn schützen, weil er mich kennt und ehrt. Wenn er zu mir ruft, antworte ich ihm. Wenn er keinen Ausweg mehr weiß, bin ich bei ihm. Ich will ihn befreien und zu Ehren bringen. Bei mir findet er die Hilfe, die er braucht; ich gebe ihm ein erfülltes und langes Leben."

Ps. 91,14-16

Freizeit

„Ich möchte einfach nur ein bisschen Ruhe! Einmal nur ungestört einen Gedanken zu Ende denken! Einmal eine Tätigkeit ohne Unterbrechung erledigen! Endlich einmal flott spazieren gehen, ohne mich dem Tempo eines anderen anpassen zu müssen!“ Solche und ähnliche Sehnsüchte tauchen von Zeit zu Zeit in meinem Mutteralltag auf. Für mich sind dies Anzeichen, dass ich dringend wieder mal eine Pause brauche. Ignoriere ich diese kleineren Alarmsignale eine Zeit lang, beginnt mein Körper sich zu melden. Ich werde krank. So manche Krankheitszeit wäre wahrscheinlich vermeidbar gewesen, hätte ich besser und früher auf meine Bedürfnisse geachtet. So habe ich beschlossen, umzudenken und besser mit mir selbst umzugehen. Unser Job als Mutter beansprucht sehr viel Zeit und Energie – denn natürlich wollen wir ihn möglichst gut erledigen. Insgeheim möchten wir oft „Supermami“ sein: Alle Bedürfnisse unserer Kinder, die sie lautstark melden, wollen wir stillen. Auch für unseren Mann sorgen wir. Der Haushalt soll tiptop erledigt sein. Doch wenn es dann um uns selber geht, haben wir oft keine Energie mehr. Wir stehen als letzter Punkt auf der To-Do-Liste.

Eine ganze Weile hält man das durch. Aber auf längere Sicht ist eine solche Einstellung fatal – wir brennen aus – und alle haben letztlich darunter zu leiden.

Deshalb ist es mir wichtig geworden, mir regelmäßig Zeiten einzuteilen, in denen ich auftanken kann. Nicht erst, wenn ich unter der Last beinahe zusammenbreche, brauche ich Pausen.

Ich will sie als festen Bestandteil in meinen Alltag einplanen. Ein Vormittag in der Woche zum Beispiel. Es geht gar nicht so sehr um die Dauer dieser freien Zeit, sondern um die Regelmäßigkeit. Nur so kann ich über einen längeren Zeitraum belastbar bleiben und Freude an meinen Aufgaben haben.

Claudia Mühlan vergleicht in ihrem Buch „Du schaffst es!" das Elterndasein mit einem Marathonlauf, der sich über mindestens zwanzig Jahre hinzieht. Die einzige Möglichkeit, ihn gut zu laufen und wirklich bis zum Ende durchzuhalten, sei das vernünftige Einteilen unserer Kräfte – und zwar beider Elternteile. Dieser Vergleich gefällt mir sehr gut. Für Alleinerziehende, die die gesamte Verantwortung allein tragen müssen, gilt diese Überlebensstrategie ganz besonders: teile deine Zeit und deine Energien gut ein und lass dir helfen! Du darfst es – ja, du sollst es sogar!

Meine Freundin und ich entlasten uns zum Beispiel gegenseitig. Mal passt sie auf meine Kinder auf, ein anderes Mal kommt ihr Sohn zu uns. Für jede von uns ist eine Stunde Freizeit eine Menge wert!

Aber alle, die ihre Hoffnung auf den Herrn setzen, bekommen neue Kraft. Sie sind wie Adler, denen mächtige Schwingen wachsen. Sie gehen und werden nicht müde, sie laufen und sind nicht erschöpft. *Jes. 40,31*

Freundschaft

Mein Mann ist mein bester Freund. Er genießt damit einen Sonderstatus in meinem Leben. Eine Handvoll Frauen bedeuten mir sehr viel und diese Freundschaften sind sehr unterschiedlich. Doch was macht für mich eine gute Freundschaft aus? Was ich ganz grundsätzlich an einer Freundin schätze, ja, was für mich eigentlich als Grundvoraussetzung für eine tiefe zwischenmenschliche Beziehung gilt, sind zwei Dinge: Ehrlichkeit und Empathie, also die Fähigkeit, Anteil zu nehmen am Leben der anderen.

Manche Menschen sind von Natur aus schon empathisch. Sie sind sehr gute Zuhörer, nehmen mich wahr und ich fühle mich ernst genommen von ihnen. Doch neben einer grundsätzlichen Sensibilität für den anderen ist dabei der Wille zur Wahrnehmung das Allerwichtigste: Dass ich mich für jemanden interessiere, seine Sichtweise kennenlernen und verstehen möchte, warum er in welcher Situation wie reagiert.

Eine wirklich gute Freundin trauert mit mir, wenn ich traurig bin und freut sich mit mir, wenn ich mich freue. Das klingt so einfach und selbstverständlich, doch in der Praxis ist es gar nicht so leicht. Mit jemandem zu leiden, wenn es mir selber gut geht, gelingt mir noch halbwegs. Da befinde ich mich in der „stärkeren" Position, kann der anderen etwas von meinem „Überfluss" geben. Doch wenn ich selber in einer Krise stecke und eine Freundin hat gerade das Glück ihres Lebens gefunden, bedeutet es schon einiges, mich ehrlich mit ihr zu freuen. Ohne Neid. Ohne Missgunst. Ohne sarkastischen Unterton.

Sandra hat mich diesbezüglich zutiefst beeindruckt. Meine Tochter Sara war gerade ein paar Wochen alt, als sie uns besuchen kam. Sie ist selber Mutter eines Sohnes und wünschte sich immer eine große Familie. Aufgrund medizinischer Umstände hat sie sich aber entschlossen, keine weiteren Kinder zu bekommen. Sie nahm also unsere neugeborene Tochter auf den Arm, knuddelte sie herzlich und sah sie lange an. Da merkte ich, wie ihr die Tränen über die Wangen liefen. Sie schaute mir in die Augen und sagte: „Weißt du, Maria, ich gönne es dir von ganzem Herzen, dass du eine so süße kleine Tochter bekommen hast. Aber, mir tut es gleichzeitig auch so weh, das zu sehen!"

Ich war so gerührt von ihrer Ehrlichkeit und Anteilnahme, dass ich selber weinen musste. So saßen wir beide da und vergossen Tränen der Freude und des Mitgefühls. Das war einer der stärksten emotionalen Momente, den ich je erlebte und wir sind dadurch noch enger zusammengewachsen.

Ich bin so dankbar für meine Freundinnen. Von jeder einzelnen hab ich schon Wichtiges für mein Leben gelernt. Mir ist bewusst, welch kostbarer Schatz eine gute Freundschaft ist und deshalb will ich nicht aufhören, darin zu wachsen, ihnen auch eine mitfühlende und ehrliche Freundin zu sein. Jesus hat uns das vorgelebt und von Ihm dürfen wir diese „hohe" Kunst der Liebe erbitten!

Freut euch mit den Fröhlichen! Weint aber auch mit den Trauernden! *Röm. 12,15*

Träume

„Just do it!“ lautet der Slogan einer bekannten Sportfirma. Wie sehr diese drei Worte mein Leben verändern würden, ahnte ich nicht, als ich während meines Au-Pair-Jahres in Paris 1995 einen charismatischen jungen Mann kennenlernte, der diese zu seinem Lebensmotto gemacht hatte. Jamel Balhi, heute international gefeiert als der erste Mensch, der laufend die Welt umrundet hat, war damals bei der Vorstellung eines humanitären Projektes anwesend, für das ich mich sehr interessierte. Seine Erlebnisse, die er mit uns Jugendlichen teilte, ließen mich nicht mehr los. In mir schlummerte schon lange der Wunsch nach Abenteuern – dadurch wurde er nun endgültig geweckt. Ich suchte mir einen Job und bereits ein Jahr später, mit knapp 20 Jahren, war ich selbst als Weltenbummlerin unterwegs. Ich hatte beschlossen, meinen eigenen Traum zu verwirklichen. Nicht in Laufschuhen wie Jamel, sondern mit öffentlichen Verkehrsmitteln umrundete ich allein den halben Globus. Diese Zeit war sehr prägend für mich. Sieben Monate lang erlebte ich sehr viel Schönes und Wertvolles, doch hatte ich auch einige Schwierigkeiten zu bestehen. Außerdem lernte ich in dieser Zeit die zwei wichtigsten Freunde meines Lebens kennen: Georg, kurz bevor ich aufbrach und mit dem ich per Post und Telefon verbunden blieb und Jesus, der am anderen Ende der Welt in mein Leben kam.

Seit damals führe ich eine Liste, die alle Träume beinhaltet, die ich in meinem Leben noch verwirklichen möchte. Eine Familie zu gründen, ein Buch zu schreiben, steht da zum Beispiel, aber auch, mit Georg einen Tanzkurs zu besuchen. Etwa einmal im Jahr nehme ich sie zur Hand, um sie zu aktualisieren. Manches kann ich mit Freude abhaken, anderes wird gestrichen, weil es sich erübrigt hat. Manch Neues kommt dazu... Ich merke, dass sich mit meiner Lebenssituation auch meine Träume ändern. Doch möchte ich aufmerksam bleiben, um die feine Stimme meines Herzens nicht zu überhören. Oft war es mein Mann, der mich dazu ermutigt hat, einige Träume doch umzusetzen, so verrückt diese im ersten Moment auch schienen. Und ich bin froh darüber, denn so durfte ich erkennen, wie vieles im Leben möglich ist!

Klar gibt es Zeiten im Leben, in denen manches einfach nicht dran ist. Doch immer wieder bin ich darauf bedacht, meine tiefsten Sehnsüchte nicht mit rationalen Argumenten abzuwürgen, sondern sie zu erhalten, sie zu nähren. Und sie dann umzusetzen, wenn der Zeitpunkt dafür gekommen ist. Tue ich das nicht, könnte es nämlich passieren, dass ich im ewigen Konjunktiv, im „Hätte-Müsste-Sollte“ steckenbleibe. Gott möchte, dass wir uns aktiv am Leben beteiligen, dass wir unsere Talente, die Er uns gab, sinnvoll einsetzen. Viele unserer Träume sind Ideen, die Gott uns eingibt! Darum möchte ich Dich ermutigen, Dir die Zeit zu nehmen, Deine ganz persönliche Träume-Liste zu schreiben. Was wolltest Du immer schon einmal tun?

Also los! Du hast jeden Tag die Möglichkeit, etwas zu tun, das Du noch nie zuvor gemacht hast, Neues zu wagen, Ängste zu überwinden. Trau Dich nur!

Alles kann ich durch Christus, der mir Kraft und Stärke gibt. *Phil. 4,13*

Unkraut

Zu den eher unerfreulichen Mühen eines Gärtners gehört neben der Schädlingsbekämpfung auch die Beseitigung von Unkraut. Im Internet fand ich folgende Definition dafür: „Unkraut sind Pflanzen der spontanen Begleitvegetation in Kulturpflanzenbeständen, Grünland oder Gartenanlagen, die dort nicht gezielt angebaut werden und aus dem Samenpotential des Bodens oder über Zuflug zur Entwicklung kommen. Im allgemeinen Sprachgebrauch ist das Hauptkriterium, um eine Pflanze als Unkraut zu bezeichnen, dass sie unerwünscht ist.“

Vorigen Sommer hatte ich kurz vor der Geburt unserer Tochter den Garten so weit in Ordnung gebracht, dass er einen halbwegs gepflegten Eindruck machte. Das Unkraut zwischen den Sträuchern hatte ich aufgrund meiner körperlichen Unbeweglichkeit nur etwas gekürzt, anstatt es auszureißen. Nachdem Sara geboren war, freute ich mich an den schön blühenden Stauden und Sträuchern, doch auf Pflege musste der liebe Garten noch etwas warten.

Nach mehreren Wochen machte ich dann doch einmal eine genauere Begutachtung, und was mich da erwartete, warf mich fast um. Einiges des kurz gestutzten Unkrauts war derart gewachsen, dass es eine Ecke des Gartens fast überwucherte. Die zuvor harmlosen kleinen Pflänzchen waren zu meterhohen Stauden mit fingerdicken Stängeln geworden! Windlinge rankten sich über die noch relativ kleinen Sträucher und drohten sie zu ersticken.

Erschrocken und wütend zugleich, bewaffnete ich mich mit Handschuhen und Gartengeräten und rückte dem Unkraut zu Leibe. Nach einer halben Stunde türmte sich neben mir ein beachtlicher Haufen Grünzeug. Doch diesmal wollte ich mich nicht damit zufriedengeben, die Pflanzen einfach zu kürzen. Ich wollte sie mit allen Wurzeln ausreißen, ein für allemal. So grub und hackte ich noch eine Weile weiter, bis wirklich alles verschwunden war.

Ähnlich ist es mit meinem Innenleben. Meine Seele ist mit einem Garten vergleichbar, in dem vieles gedeiht und reift – eine Vielfalt an Blumen, Obst- und Gemüsepflanzen. Doch auch in mir kann viel Unkraut wachsen. Es gibt immer mal wieder ungute Gedanken, die viel zu viel Raum in meinem Denken einnehmen. Nach einem anstrengenden Tag mit den Kindern kann ich mich herrlich darin verlieren, mir vorzustellen, wie das Leben ohne Kinder wäre. Unzufriedenheit macht sich breit. Wenn ich jetzt nicht sofort verhindere, dass dieses Unkraut zu wuchern beginnt, indem ich diese negativen Gedanken vor Gott bekenne und mir Seine Sichtweise zeigen lasse, werden innerhalb kürzester Zeit große Stauden daraus.

Ich kann es nicht immer kontrollieren, welche Samen in meinem Garten landen, doch habe ich es in der Hand, welche zur Entfaltung kommen dürfen. Es liegt an mir, diszipliniert zu sein und mir dabei vom „Meistergärtner" Jesus helfen zu lassen…

Setzt alles daran, mit jedem Menschen Frieden zu haben und mit eurem ganzen Leben Gott zu gehören.

Hebr. 12,14

Tellerakrobatik

Jeder kennt aus seiner Kindheit oder aber vielleicht vom Zirkus das „Tellerjonglieren“. Man hält dabei Stäbe in der Hand, auf deren Spitze Teller rotiert werden. Solange die Stäbe in Bewegung gehalten werden, bleiben die Teller schön oben, doch kaum wird die Bewegung langsamer, drohen sie aus dem Gleichgewicht zu geraten und herunterzufallen.

Mich haben diese Tellerjongleure im Zirkus immer sehr fasziniert. Manche beherrschten diese Kunst mit einer derartigen Perfektion, dass sie gleich mehrere Teller gleichzeitig bewegen konnten. Ich, die ich nicht mal mit Bällen jonglieren kann, habe das zutiefst bewundert.

Als ich dann einmal bei einem Sommerfest die Gelegenheit bekam, es selbst zu versuchen, machte ich mir natürlich keine allzu großen Hoffnungen, diese Kunst zu erlernen. Doch siehe da, nach einigen Versuchen schaffte ich es tatsächlich, den Teller, der glücklicherweise aus unverwüstlichem Plastik bestand, auf meinem Stab zu behalten. Ganz euphorisch und mit voller Konzentration schaffte ich es tatsächlich, meinen Teller zehn Minuten lang zu jonglieren!

Was ist also das große Geheimnis dahinter? Eigentlich gibt es nur eine Sache, die man dabei beherzigen muss: volle Konzentration. Um seinen Teller jonglieren zu können, muss man mit allen Sinnen, seinem ganzen Herzen und ungeteilter Aufmerksamkeit bei der Sache sein. Dann ist es mit viel Übung sogar möglich, mehrere Teller gleichzeitig zu jonglieren!

Mein Alltagsleben mit drei kleinen Kindern kommt mir oft so vor wie ein solches Tellerkunststück. Alles zu jeder

Zeit am Laufen zu halten und für die unterschiedlichen Bedürfnisse aller Familienmitglieder zu sorgen, erfordert meine volle Konzentration und Hingabe. Wenn ich es zulasse, dass ich abgelenkt werde, wie zum Beispiel durch Sorgen, Zweifel, Vergleiche mit anderen, unrealistische Sehnsüchte und andere Dinge, die mir nicht gut tun, merke ich, wie alles beginnt, „unrund" zu laufen. Meine kostbaren Teller drohen von den Stäben zu fallen. Sind sie erstmal unten, braucht es viel Kraft und Zeit, sie zu reparieren und schließlich wieder zum Laufen zu bringen! Geben wir also den Dingen, die unsere Konzentration und unsere Kraft rauben wollen, keinen Raum in unserem Leben!

Wenn mir alles zu viel zu werden scheint, muss ich mich natürlich auch fragen, ob es etwa zu viele Teller sind, die ich da am Laufen halten möchte. Ich habe nun mal begrenzte Kapazitäten und da gilt es, genau zu wissen, worauf ich momentan meine Kraft und Energie konzentrieren möchte. So verändert sich auch in meinem Leben die Anzahl meiner „Teller" laufend – seit ich Mutter bin, habe ich z.B. die Jugendarbeit abgegeben. Unsere Partnerschaft braucht seitdem auch besondere Aufmerksamkeit, da sie ihre Bedürfnisse nicht so lautstark äußert wie die lieben Sprösslinge...

Tun wir also das, was heute für uns wichtig und dran ist, mit ganzer Kraft und vollem Engagement und überlassen wir Gott die Sorge, sich um den Rest zu kümmern!

Deshalb sorgt euch nicht um morgen - der nächste Tag wird für sich selber sorgen. Es ist doch genug, wenn jeder Tag seine eigenen Lasten hat. *Mt. 6, 34*

Hochmut

Im Alter von zwölf Jahren war ich ein Pferdenarr und hatte zwei Reitkurse absolviert. Mit halbwegs folgsamen Pferden, die den europäischen Reitstil gewöhnt waren, kam ich also ganz gut zurecht. Doch seitdem waren Jahre vergangen, als ich im Zuge meiner Weltreise zwei Wochen lang für Kost und Logis auf einer Rinderfarm in Australien mitarbeitete. Voraussetzung für diesen Job war es, reiten zu können. In meinem jugendlichen Übermut dachte ich, ach, das ist wie Rad fahren, so was verlernt man nicht – und ich glaubte tatsächlich, es mit jedem Pferd aufnehmen zu können. Die Farmersleute erkannten meine durchschnittliche Reiterfahrung sofort und gaben mir ein sehr folgsames weißes Pferd, als wir auf die Weide ritten, um die Rinder zusammenzutreiben. Der gutmütige Schimmel tat praktisch alles von selbst und meine straffe Zügelhaltung, die ja ein Cowboypferd nicht gewöhnt ist, beunruhigte ihn nicht weiter. Gemütlich trabte er im Kreis um die schwerfälligen Rinder und tat ruhig seine Arbeit.

Damit hätte ich höchst zufrieden sein können, aber mir reichte das nicht! Zu sehr hatte es mir das Pferd des Farmers angetan, ein feuriger Vollblutrappe. Jedes Mal, wenn ich ihn sah, bekam ich Lust, auf ihm drauflos zu galoppieren. Als ich den Besitzer einmal danach fragte, meinte er, das sei keine besonders gute Idee. Sogar seine Frau, eine sehr gute Reiterin, scheute davor zurück, dieses Pferd zu besteigen.

Doch das Verlangen und mein Hochmut ließen mir keine Ruhe und so fragte ich noch einmal. Da zuckte der Farmer mit den Schultern und meinte, ich solle es doch versuchen.

Siegesgewiss, doch mit enormem Respekt, stieg ich also auf das hohe Ross. Langsam setzte sich der Hengst in Bewegung. Doch kaum spürte er, dass ich ihn auf ungewohnte Art zügeln wollte, fing er an zu rennen und war nicht mehr zu bremsen. Ich verlor einen Steigbügel und hing bald nur noch an der Mähne fest, als ein Gatter unseren Weg versperrte. Abrupt bremste der Gaul und machte eine dermaßen scharfe Wendung, dass ich endlich zu Boden fiel. Aus der Traum! Alle meine Illusionen waren zerstört. Zerknirscht marschierte ich zu Fuß die paar Kilometer zurück und musste zugeben, dass sie alle recht gehabt hatten. Was hatte ich mir bloß eingebildet?

Ernüchtert durch dieses blamable Erlebnis war ich künftig vorsichtiger mit meiner Selbsteinschätzung. Mir wurde klar, dass eine derartige Überschätzung meiner Fähigkeiten für mich und andere gefährlich werden konnte. Ich bin dankbar, dass die Farmersleute so ehrlich zu mir waren und mich trotzdem meine eigenen Erfahrungen machen ließen. Damals hab ich mir fest vorgenommen, den Rat erfahrener Menschen nicht mehr so leichtsinnig in den Wind zu schlagen. Heute weiß ich besser, wer ich wirklich bin, wo meine Begabungen und wo meine Schwächen liegen.

Ich danke Gott für meine Stärken und auch für meine Schwächen, denn durch sie wird mir immer wieder neu bewusst, wie sehr ich Ihn und auch weise Menschen in meinem Leben brauche.

Der Stolze wird gestürzt: ja, Hochmut kommt vor dem Fall!

Spr. 16,18

Vom Bitten

Benni, damals vielleicht vier Jahre alt, war damit beschäftigt, seine Jacke anzuziehen. Sie war jedoch völlig verdreht und er hatte Schwierigkeiten, die Armlöcher zu finden. Nach einigen Versuchen verlor er die Geduld, riss an der Jacke herum, jammerte und schrie. Ich stand daneben und merkte, dass er so nicht weiterkommen würde. Also schlug ich ihm vor, es entweder noch mal in Ruhe selber zu versuchen, oder mich zu bitten, ihm zu helfen. „Mami!", schrie er trotzig und hielt mir die Jacke hin, doch ich blieb fest. Es fiel ihm sichtlich schwer, „Bitte" zu sagen, was ich nur zu gut verstehen konnte. Schließlich brachte er dieses schwierige Wort dann doch über die Lippen und wir erledigten den Rest gemeinsam.

Mir fällt es auch sehr schwer, jemanden um Hilfe zu bitten. Ich fühle mich dann oft so unfähig, so bedürftig, und das gefällt mir ganz und gar nicht. Lieber beiße ich die Zähne zusammen und kämpfe so lange, bis mir die Kraft ausgeht. Einige Male habe ich mich auf diese Weise schon an den Rand des Zusammenbruchs manövriert – was alles andere als klug und gesund ist.

Auf einem Pädagogik-Seminar, das ich im vergangenen Jahr besuchte, bemerkte der Vortragende, von Beruf Therapeut, dass es ganz unmöglich sei für zwei Erwachsene, allein die ganze Sorge für ihre Kinder zu tragen. Und erst recht für Alleinerziehende! So hatte ich das bis dahin noch nie gesehen. Ich dachte immer, das müsste man einfach schaffen … Irgendwie tat es auch gut, so etwas von einem Fachmann zu hören. Er meinte, im Vergleich zu früher, als

Kinder in einer Dorfgemeinschaft oder in einer Großfamilie aufwuchsen, fällt heutzutage diese Unterstützung durch andere Erwachsene meist weg, und so müssen wir Eltern uns anderweitig Hilfe suchen – uns selbst und unseren Kindern zuliebe. Denn auch sie haben nichts davon, wenn wir in unserem Anspruch, alles allein zu schaffen, dauernd nur gestresst und gereizt sind.

Um Hilfe zu bitten, will gelernt sein. Je früher desto besser. Ich übe mich immer wieder darin, meine Hilfsbedürftigkeit vor anderen einzugestehen. Und auch Gott weiß, dass ich Hilfe brauche. Er kennt unsere Bedürfnisse und weiß genau, was wir brauchen, so wie eine Mutter meist genau weiß, was ihr Kind braucht. Doch in unserem eigenen Interesse lässt Er uns die Freiheit, es selbst zu versuchen und greift erst dann ein, wenn wir Ihn bitten. Er respektiert uns als eigenständige Individuen und will sich uns nicht aufdrängen. Natürlich wird Er nicht alle Bitten erhören, denn manches wäre vielleicht gar nicht gut für uns. Ich hab einmal den Spruch gelesen: „Gott gibt uns nicht alles, was wir wollen, aber alles, was wir brauchen." Darauf dürfen wir vertrauen.

Bittet Gott, und Er wird euch geben! Sucht, und ihr werdet finden! Klopft an, und euch wird die Tür geöffnet! Denn wer bittet, der bekommt. Wer sucht, der findet. Und wer anklopft, dem wird geöffnet. *Mt. 7,7-8*

Tritsch tratsch

Keiner mag es, doch fast jeder tut es: das liebe Tratschen. Besonders dann, wenn viele Frauen zusammenkommen, kocht und brodelt die Gerüchteküche und aus unserem harmlosen „Austausch" wird oft ungewollt negatives Gerede. Uns ist gar nicht bewusst, wie sehr dies unser und auch das Leben anderer vergiften kann. Ich nehme mich da selber gar nicht aus.

In Australien absolvierte ich einen Tauchkurs. Nach tagelanger Beanspruchung durch die Flossen hatte ich am linken Knöchel eine Blase. Doch ich vernachlässigte diese Bagatellverletzung und reiste weiter in den Norden, um dort den Kakadu-Nationalpark zu besuchen. Bereits am ersten Tag unserer dreitägigen Tour begann mein Fuß zu schmerzen. Doch medizinisch unbedarft, wie ich damals war, machte ich mir weiter keine Sorgen und marschierte mit der Gruppe durch das Sumpfland. Am zweiten Tag waren die Schmerzen schon stärker und ich setzte mich in den Jeep, um auf die anderen zu warten. Der Fuß war angeschwollen und rot, doch unser Reiseführer wollte unbedingt die dreitägige Tour beenden – wir alle hatten ja schließlich dafür bezahlt. So verbrachte ich noch einen Tag im Auto – vor Schmerz konnte ich nun nicht einmal mehr auftreten. Als wir endlich nach Darwin zurückkamen, wurde ich als erstes gleich ins Krankenhaus gebracht, wo ich wieder Stunden mit Warten verbrachte. Mein Versicherungsschutz musste erst geklärt werden. Die Rötung an meinem Bein war bereits fast bis zum Knie heraufgekrochen und es war so geschwollen, dass die Haut zu platzen drohte. Ich hatte die Mikroben der Tropen völlig unterschätzt und litt an beginnender Sepsis. Die Ärzte, die ich nun endlich zu Gesicht bekam, waren bestürzt über meinen Zustand und bombardierten mich mit Antibiotika. Nach zwei Tagen Bettruhe war ich glücklicherweise wieder fit und noch im Besitz meines Beines. „Noch" sage ich deshalb, weil der behandelnde Arzt mir mitteilte, dass ich um ein Haar einer Unterschenkelamputation entkommen war.

Der gleiche Schrecken, der mich damals durchfuhr, sollte mich auch im Bezug auf das Tratschen durchfahren. Denn dieses negative Gerede wirkt sich auf unser Seelenleben ähnlich aus wie schädliche Bakterien auf unseren Körper. Dabei ist es egal, ob wir selber schlecht reden oder „nur" dabei zuhören. Sobald wir diesen Keimen Eintritt gewähren, beginnen sie uneingeschränkt zu wachsen und uns langsam ganz zu vergiften. Schon oft musste ich mir selber eingestehen, dass ich es zugelassen habe, mein Denken, den Sitz meines Handelns, derart zu verunreinigen. Deshalb konzentriere ich mich, sobald mir dies bewusst wird, auf unseren barmherzigen Gott, um mir von Ihm Segensgedanken für mich und meine Mitmenschen schenken zu lassen.

Ein kleiner Funke setzt einen ganzen Wald in Brand. Mit einem solchen Feuer lässt sich auch die Zunge vergleichen. Sie kann eine ganze Welt voller Bosheit sein. Sie vergiftet uns und unser Leben, sie steckt unsere ganze Umgebung in Brand, und sie selbst ist vom Feuer der Hölle entzündet.

Jak. 3,5-8

Sonnenblumen

Seit ich einen eigenen Garten habe, bin ich voll in meinem Element. Bereits auf dem kleinen Balkon unserer Wohnung hatte ich einen Mini-Garten mit Trögen und Töpfen angelegt, in denen es bunt durcheinander blühte und wucherte. Doch nun kann ich mich nach Herzenslust austoben: Samen säen, Zwiebeln eingraben und neugierig beobachten, was da so alles zu blühen beginnt.

Besonders gerne mag ich Sonnenblumen. Jedes Jahr, wenn der Winter sich dem Ende zuneigt, kaufe ich noch mal einen Sack Sonnenblumenkerne und streue diese großzügig im Garten aus. Überall, wo es irgendwie passen könnte, am Gartenzaun entlang und mitten unter meine Kräuter, säe ich die Samen. Im Bewusstsein, dass ein Großteil von den Vögeln weggepickt wird, streue ich noch mehrmals nach, bis ich endlich die kleinen Pflänzchen entdecke. Nun beginnt der Kampf gegen die gefräßigen Schnecken. Frische zarte Sonnenblumenpflanzen mögen sie anscheinend besonders gern und so streue ich erbittert Schneckenkorn und drehe fast jeden Tag meine Runde, um diese Vielfraße einzusammeln. Wenn die Pflanzen dann eine gewisse Höhe erreicht haben, sind sie vor den Schnecken und anderen Schädlingen ziemlich sicher. Meistens zumindest.

Deshalb war ich richtig erschüttert, als ich eines Tages eine bereits mittelgroße Sonnenblume entdeckte, die in der Mitte abgeknickt war. Im ersten Moment dachte ich, die Buben hätten sie beim Ballspielen verletzt, doch bei näherem Betrachten bemerkte ich, dass auf halber Höhe des bereits fingerdicken Stängels ein Loch war, das ihn so instabil werden ließ, dass er knickte. Irgendein Tier hatte offensichtlich die Absicht gehabt, sich an dem Mark der Blume satt zu fressen. Entrüstet beschloss ich, sie zu retten. Ich wollte sie nicht einfach kampflos aufgeben!

Also legte ich ihr einen „Stützverband" an. Zuerst untersuchte ich die Wunde, ob sich da ein Insekt versteckt hielt. Dann füllte ich mit Hilfe eines kleinen runden Steines den Hohlraum aus, um sie zu stabilisieren. An einem Stock band ich die Blume vorsichtig fest, achtsam darauf bedacht, dass sie nicht abgeschnürt wurde. Jeden Tag besuchte ich sie, goss sie und schaute, wie es um sie stand. Und siehe da, sie wuchs und gedieh ganz prächtig! Bald war der Blütenansatz zu sehen und wenige Wochen später wurde ich für die fürsorgliche Pflege mit einer wunderschönen Blüte belohnt. Die Vögel freuten sich über eine reiche Ernte an Sonnenblumenkernen. Und ich hatte die frohe Gewissheit im Herzen, alles mir mögliche getan zu haben, um einem Geschöpf Gottes zur Entfaltung zu verhelfen.

Wenn ich schon zu einer Blume eine solche Liebe entwickeln kann, mit welcher Hingabe muss dann Gott jeden einzelnen von uns lieben!

Dankbar erinnerte ich mich daran, wie Er auch mir, als ich zerbrochen und geknickt war, wieder auf die Beine geholfen hat. Er, der große Gott findet jeden einzelnen Menschen so unendlich wertvoll, dass Er alles für uns gab. Sogar Seinen eigenen Sohn…

Das geknickte Schilfrohr wird Er nicht abbrechen und den glimmenden Docht nicht auslöschen. Unbeirrbar sagt Er allen, was wahr und richtig ist. *Jes. 42,3*

Vitamine

„Vitamine, esst mehr Vitamine!" Meine wohlmeinenden Aufrufe verhallen ungehört in irgendeiner Ecke des Wohnzimmers. Nicht, dass meine Familie grundsätzlich gegen Obst und Gemüse auf ihrem täglichen Speiseplan wäre – doch die drei denken einfach nicht daran, mal zwischendrin einen Apfel zu essen. Unsere stets reichlich gefüllte Obstschale wird zwar gesehen und als wunderschönes Stillleben gewürdigt, doch das war's dann meist auch schon wieder.

Doch kaum mache ich mich daran, einen bunten Obstteller herzurichten, mit hübschen mundgerechten Stückchen und ein paar Nüssen als Garnierung, reißen sie mir diese Leckereien förmlich aus der Hand und ich muss meistens noch mal eine Ladung dieser vitaminreichen Partyhäppchen nachproduzieren.

Lange habe ich mich gefragt, warum das wohl so ist. Warum nicht einmal jemand anderer, zum Beispiel mein Mann, auf die Idee kommen könnte, das gleiche zu tun. Ich würde mich ja auch manchmal freuen über diesen Service. Bei aller gelebter Gleichberechtigung in unserer Ehe ist dies eindeutig ein blinder Fleck. Wieso bin immer ich gefragt, wenn es um die Vitamin-Versorgung meiner drei Männer geht?

Ich habe bisher noch keine passende Antwort gefunden und es einfach akzeptiert. Mama umsorgt einfach alle, das gehört so dazu wie „Omi erzählt Geschichten" oder „Papi repariert alles". Es gehört offenbar zu meiner Mutter-Identität. Und mal ganz ehrlich: Liegt es uns Müttern nicht tatsächlich im Blut, dies zu tun?

Uns um das Wohlergehen unserer Liebsten zu kümmern? Der Ausdruck „bemuttern" beinhaltet all dies und spricht für sich. Und so gebe ich mir immer wieder einen Ruck und entscheide mich, dies einfach gerne zu tun.

Doch auch bei mir gibt es Zeiten, in denen ich gerne umsorgt werden möchte. Als Erwachsene habe ich natürlich keine Mutter mehr, die dies für mich tut und auch auf meinen Mann kann ich da nicht immer zurückgreifen, – aber ich kann es für mich selbst tun. So bereite ich mir für meine Stille Zeit manchmal liebevoll ein Tablett mit Kaffee und Keksen oder leckerem Obst, die ich dann in meinen Lieblingssessel beim Plaudern mit Gott zu mir nehme. Manchmal stelle ich mir auch eine schöne Blume in mein Arbeitszimmer, als Nahrung für meine Seele. In einer kleinen Schachtel habe ich eine Menge kleiner Zettel mit aufbauenden Bibelstellen aufbewahrt, die ich alle eigenhändig hergestellt habe. Das sind meine „Vitamine für die Seele", kleine geistliche „Häppchen", von denen ich so zwischendurch „nasche".

Und es tut gut, es schmeckt, ich genieße all das geradewegs so, als hätte jemand anderer es für mich gemacht!

Lasst uns aufeinander achten! Wir wollen uns zu gegenseitiger Liebe ermutigen und einander anspornen, Gutes zu tun. *Hebr. 10,24*

Angst vor dem Fallen

Klettern zu lernen war schon immer ein Traum von mir.

Als ich im zweiten Monat mit meinem ersten Kind schwanger war, dachte ich: „Jetzt oder nie!“ und beschloss einen Alpin-Kletterkurs zu absolvieren. Mein Lehrer meinte, es sei kein Problem, ich solle nur vermeiden, direkt ins Seil zu fallen. Das tat ich erfolgreich. Als Fritz dann auf der Welt war, ging ich mit Freunden klettern und merkte, wie unsicher ich war. Obwohl am Seil fest angeschnallt, versuchte ich um jeden Preis, das Abrutschen zu vermeiden. Ich entwickelte regelrecht einen Perfektionismus, jede Route ohne Ausrutscher zu meistern. Natürlich konnte ich dadurch nur die eher leichteren Routen versuchen, denn bei den schwierigeren wäre die Gefahr zu groß gewesen zu fallen. Aber das war kein Problem für mich.

Ein halbes Jahr nach Bennis Geburt beschloss ich, es im Klettergarten ganz anders zu machen. Nach dem Vorbild eines Skilehrers, der seinen Schützlingen zuerst das Fallen und danach erst das Fahren beibringt, setzte ich mich nun als erstes einmal fest ins Seil. In der Luft baumelnd sagte ich mir: „Maria, es ist absolut keine Schande, die Sicherung, die das Seil darstellt, auch wirklich zu nutzen.“ Damit erlaubte ich mir Fehler zu machen. So meisterte ich im Laufe des Nachmittags einige für mich schwierige Stellen, an denen ich früher einfach aufgegeben und mich abgeseilt hätte. Bestärkt durch meine neue Einstellung, ließ ich mich nun einfach hängen, entspannte meine Arme, überlegte und suchte in Ruhe die geeigneten Griffe. Und siehe da, ich schaffte die meisten Routen! Das war eine der prägendsten

Erfahrungen meines Lebens zum Thema Vertrauen. Ich habe gelernt, dass das Seil wirklich hält.

Auch Gott ist wie ein Sicherheitsseil, das mich hält. Er gesteht mir Fehler zu, die ich mir in meinem perfektionistischen Denken nicht erlaube. Jahrelang habe ich versucht, alles richtig zu machen. Doch wie befreiend ist das Wissen, nicht alles aus eigener Kraft schaffen zu müssen. Sich manchmal einfach fallenlassen zu dürfen, ohne jedoch fallengelassen zu werden. Und dann, ganz in Ruhe und ohne Stress den nächsten Schritt zu wählen, den sicheren Halt zu suchen und manchmal auch etwas zu riskieren.

Wer immer auf Nummer sicher geht, gönnt sich nur das halbe Leben. Die andere Hälfte beinhaltet das Scheitern, das Fallen, aber auch das erhebende Gefühl, die eigene Begrenztheit zu überwinden und dabei gehalten zu werden. Und was ich am Schönsten daran finde: Es ist nie zu spät, damit anzufangen.

Denn der Herr, euer Gott, ist barmherzig. Er gibt euch nicht auf und lässt euch niemals untergehen. Für immer hält er an dem Bund fest, den er mit euren Vorfahren geschlossen hat. *5. Mose 4,31*

Vergangenes

Vor einigen Jahren verbrachten wir unseren Familienurlaub in Griechenland. Zu dieser Zeit dachte ich viel über meine Kindheit nach und hatte oft das starke Bedürfnis mit meinen Gedanken allein zu sein. So machte ich eines Tages allein einen Spaziergang am Meer. Ich wählte nicht die belebte Strandpromenade, sondern marschierte querfeldein zu einem felsigen Küstenabschnitt. Von einer Klippe kletterte ich halb rutschend hinunter bis zum Ufer. Herrlich, dieser salzige Duft, die angeschwemmten Muscheln und Holzstücke... Bald war ich eins mit diesem einsamen Stück Natur, saugte alle Eindrücke tief in mich auf und schickte meine Gedanken auf Reisen.

Ich hätte ewig an diesem besonderen Ort verweilen können, doch langsam mahnte mich die innere Uhr zum Aufbruch. Schließlich warteten Mann und Kinder im nahen Ferienhaus. „Nur noch sehen, wo's hinter der nächsten Klippe weitergeht – vielleicht verbirgt sich ja ein schöner Badestrand dahinter?", überredete ich mich selbst.

Doch welch ein Anblick bot sich mir in der angrenzenden Bucht! Entsetzt wollte ich wieder umkehren. Das war ja die reinste Müllhalde! Plastikkanister, Flaschen und allerlei Gerümpel bedeckten die runden, verwaschenen Steine. Mit einem Schlag war meine Meeresidylle zerstört. Ich wollte nur noch weg. Doch um eine etwas waghalsige Kletterei die Klippen hinauf zu vermeiden, musste ich wohl oder übel diesen verdreckten Strand überqueren.

Irgendwie erinnert mich das hier an meine Vergangenheit, dachte ich bitter. Zorn, Wut und zuletzt eine tiefe

Traurigkeit überkamen mich und ich war kurz davor, loszuschluchzen. Da sagte eine leise Stimme zu mir: „Maria, schau genauer. Es ist sehr viel Müll dabei, der alles überdeckt, wie in deiner Lebensgeschichte. Doch schau, es gibt auch Schönes!"

Seufzend machte ich mich auf die Suche. Ich drehte kaputte Bretter um, stellte Kanister zur Seite... Und wirklich, bei genauerem Hinsehen fand sich tatsächlich so manches Schöne. Ein verwaschenes Stück Holz von besonderer Form, eine hübsche Muschel... Es waren nicht viele Dinge, gerade eine Handvoll kleiner Kostbarkeiten, die ich unter all dem Müll hervorholte. Wäre ich meinem ersten Impuls gefolgt, hätte ich mich einfach abgewandt und ein Gefühl der Enttäuschung und Bitterkeit wäre zurückgeblieben.

So aber lehrte mich diese Begebenheit etwas Wichtiges: Dankbarkeit, für die Dinge, die das Leben mir schenkt, auch für die kleinen, scheinbar wertlosen. Ja, ich habe auch aus meiner nicht sehr glücklichen Kindheit, mit der ich so sehr hadere, einige Kostbarkeiten in mein Erwachsenenleben mitbekommen. Dafür kann ich dankbar sein. Den Rest, den großen Berg an Müll und Unrat, darf ich getrost hinter mir lassen. Ich darf mich davon lösen, mich davon verabschieden.

Und leichter, freier und fröhlicher als zuvor trat ich den Rückweg an, um meinen Lieben die kleinen Schätze zu zeigen, die ich gefunden hatte.

Wie gesagt, meine lieben Brüder und Schwestern, ich weiß genau: Noch habe ich den Preis nicht in der Hand. Aber eins steht fest: Ich will alles vergessen, was hinter mir liegt, und schaue nur noch auf das Ziel vor mir. *Phil. 3,13*

Früchte

Hochzeiten sind ein willkommener Anlass, um über das Wesen der Liebe zu reden. Dann wird oft folgender Bibelvers beim Festgottesdienst zitiert: „Liebe ist geduldig und freundlich. Sie ist nicht verbissen, sie prahlt nicht und schaut nicht auf andere herab. Liebe verletzt nicht den Anstand und sucht nicht den eigenen Vorteil, sie lässt sich nicht reizen und ist nicht nachtragend. Sie freut sich nicht am Unrecht, sondern freut sich, wenn die Wahrheit siegt. Liebe ist immer bereit zu verzeihen, stets vertraut sie, sie verliert nie die Hoffnung und hält durch bis zum Ende. Die Liebe wird niemals vergehen." (1. Kor. 13,4-8)

Die Ehe ist ein gutes Übungsfeld, um lieben zu lernen. Doch welche Herausforderung es bedeutet, ohne Wenn und Aber diese Liebe zu leben, wurde mir erst klar, als ich Mutter wurde.

Kinder sind die beste Schule für uns Erwachsene, wenn es darum geht, bedingungslos zu lieben. Sie bringen uns derart gründlich und regelmäßig an unsere Grenzen, dass uns etwas Wichtiges bewusst wird: Wir aus uns heraus schaffen es einfach nicht, so zu lieben. Ich schaffe es nicht, immer geduldig zu sein. Irgendwann reicht es mir, wenn ich alles zehnmal wiederholen muss. Dann bleibe ich alles andere als freundlich.

Ich schaffe es auch nicht, mich nicht aufzuregen, mich nicht zum Zorn reizen zu lassen. Wenn meine lieben Kleinen, die natürlich genau meine wunden Punkte kennen, darauf auch noch herumtrampeln und mich zielgenau provozieren, ist es vorbei mit meiner Selbstbeherrschung. Ich mache mir da schon längere Zeit nichts mehr vor: Ich schaffe es einfach nicht allein.

Doch es gibt Einen, der mir dabei helfen kann. Darum schicke ich, sobald mir in der Hitze des Gefechts bewusst wird, dass ich wieder einmal nicht in Liebe handle, ein Stoßgebet zum Himmel: „Herr, bitte hilf mir, mein Kind zu lieben! Hilf mir aber auch, klare Grenzen zu setzen, die es braucht! Herr, verändere mich durch deine Liebe!" Ich erlebe dann, dass Gott meine Bitte erhört, übrigens meist auch prompt – indem Er mir Ruhe schenkt, manchmal auch kreative Ideen. Vor allem aber immer wieder neue Übungssituationen!

Und siehe da, mit den Jahren hat sich da schon manches gebessert. Ich bin ein wenig sanfter geworden, etwas geduldiger, manchmal auch freundlicher ...

Diese vollkommene Liebe hat Jesus Christus gelebt und in dieser Vollkommenheit kann und werde ich sie nicht erreichen, aber ich möchte lernen, dieser Liebe immer mehr Raum zu geben in meinem Leben und Ihm damit immer ähnlicher zu werden.

Jesus sagt: „Wie mich der Vater liebt, so liebe ich euch. Bleibt in meiner Liebe!" *Joh. 15,9*

Lebenskünstler

Jede gute Beziehung braucht Pflege. Besonders in der Kleinkindphase ist unsere gemeinsame freie Zeit als Paar sehr limitiert. Stress, Müdigkeit und vielerlei tägliche Anforderungen zehren an uns. Und doch ist gerade jetzt die Investition in unsere Ehe eines der wichtigsten Dinge, die wir für uns und unsere Kinder tun können. Glückliche Eltern, glückliche Kinder...

Immer wieder höre ich von Bekannten, die sich nach vielen Jahren getrennt haben, oft ohne triftigen Grund. Man hat sich auseinandergelebt. Mir persönlich ist es deshalb sehr wichtig, dass wir „dranbleiben", regelmäßig Zeit miteinander verbringen, nicht nur um zu organisieren und zu diskutieren, sondern auch um zu genießen. Egal, wie viel sonst noch zu tun wäre. Unsere Beziehung hat Priorität.

Wir haben verschiedene Möglichkeiten gefunden, um gemeinsame Zeit als Paar zu finden. Einen Abend pro Woche reservieren wir für uns, um in's Kino zu gehen oder einfach auszuspannen. Vor zwei Jahren besuchten wir z. B. einen Tanzkurs, der uns sehr gut getan hat. Den Babysitter-Dienst übernehmen meist die Großeltern.

Einmal in der Woche frühstücken wir zu Hause zu zweit beim schön gedeckten Tisch, während die Kinder in ihrem gemeinsamen Zimmer ein Extra-Frühstück bekommen: Laugengebäck und andere Leckereien, die es sonst nicht gibt. Eine halbe Stunde sind sie somit beschäftigt und glücklich – und wir auch... Und einmal im Jahr gönnen wir uns ein freies Wochenende ohne Kinder – seit diese ohne Probleme bei Oma und Opa bleiben.

Als Fritz und Benni noch ganz klein waren, nahmen wir zweimal in unseren Familienurlaub zwei befreundete Studenten als Babysitter mit, denen wir die halbe Reise finanzierten. So konnten wir in diesen zehn Tagen auch etwas Zeit zu zweit finden – mal nett essen gehen, einen Strandspaziergang machen...

Sogar während der intensiven Phase des Hausbaus haben wir zu zweit drei Tage in Barcelona verbracht – als bewusst geplante Auszeit und Investition in unsere Beziehung.

Anlässlich unseres zehnjährigen Hochzeitjubiläums durften wir sogar eine ganze Woche zu zweit auf einer Trauminsel verbringen... Davon zehre ich immer noch!

Das mag jetzt so klingen, als würden wir nur unsere Wünsche im Blick haben und unsere Kinder hintenan stellen. So ist das nicht, aber wir möchten schließlich unser ganzes Leben miteinander verbringen, auch wenn die Kinder dann erwachsen sind!

Unsere Kinder sind uns wichtig. Doch sie fordern die Erfüllung ihrer Bedürfnisse so laut und mit Nachdruck, dass sie ohnehin nicht übersehen werden. So gestalten wir unser Alltagsleben und auch unsere Urlaube so, dass jeder etwas davon hat – die Großen wie die Kleinen.

Also iss dein Brot, trink deinen Wein, und sei fröhlich dabei! Denn schon lange gefällt Gott dein Tun! Trag immer schöne Kleider, und salbe dein Gesicht mit duftenden Ölen! Genieße das Leben mit der Frau, die du liebst, solange du dein vergängliches Leben führst, das Gott dir auf dieser Welt gegeben hat. *Pred. 9,7-9*

Stürme

Meine draufgängerische Art und die Naivität, mit der ich manches auf meiner Reise allein um den halben Globus anpackte, ließen mich immer wieder die Grenze zur Waghalsigkeit überschreiten. Denke ich jetzt daran zurück, dann habe ich relativ unbeschadet meine eigenen Erfahrungen machen können. Gott muss mir dabei ein ganzes Heer von Schutzengeln zur Seite gestellt haben!

In Neuseeland durchquerte ich die Vulkanlandschaft im Herzen der Nordinsel im Alleingang. Das Wetter war sehr wechselhaft und wurde von Tag zu Tag schlechter. Am dritten Tag übernachtete ich in einer Jugendherberge, die den Ausgangspunkt zu einer ganz besonderen Tour bildete: der Überquerung des Mt. Tongariro – laut Reiseführer eine der schönsten Routen Neuseelands. Ich wollte sie auf keinen Fall missen! Am Abend brach jedoch ein gewaltiger Sturm los, und die erfahrenen Betreiber der Herberge warnten jeden davor, loszugehen. Widerwillig verbrachte ich den darauf folgenden Tag im Haus. Doch vorsorglich packte ich schon mal meine Sachen – ich wollte schließlich nicht ewig mit Warten verbringen!

Am nächsten Morgen hatte sich die Situation etwas beruhigt, obwohl die Berge noch in dichte Wolken gehüllt waren. Ausgerüstet mit Karte und Kompass, ließ ich mich von meiner Ungeduld antreiben und ging trotz aller Warnung los. In der ersten Stunde verlief alles gut. Doch dann begann es stark zu regnen. Meine durchschnittliche Ausrüstung hielt dem Unwetter nicht lange stand. Völlig durchnässt überlegte ich kurz, umzukehren. „Niemals!" – trieb meine Unvernunft mich an. Also ging ich weiter, dem aufkommenden Wind trotzig die Stirn bietend.

Auf einem Plateau angekommen, traf ich auf einen deutschen Wanderer, der mindestens ebenso unvernünftig, aber offensichtlich besser ausgerüstet war als ich. Heilfroh, jemanden an meiner Seite zu haben, setzten wir gemeinsam den Weg fort.

Die nächsten Stunden waren ein reiner Albtraum. Ich bin sicher, dass ich allein nicht heil davongekommen wäre. Ein Orkan drückte uns gegen die schützenden Felsen oder drohte uns in den nebelverhüllten Abgrund zu werfen. Meter für Meter kämpften wir uns vorwärts, den Kompass als einzige Orientierungshilfe. Wir wussten, irgendwo gab es eine Hütte, das war unser letzter Funke Hoffnung. Ich war kurz davor aufzugeben – da wies mich mein Bergkollege an, zu warten. Er wollte die Hütte suchen und mich dann holen. Ängstlich im Windschatten eines Felsens kauernd, betete ich, Gott möge uns da herausholen. Ich bat Ihn um Verzeihung, so leichtsinnig gehandelt zu haben.

Nach einer kleinen Ewigkeit kam mein Begleiter endlich zurück – ohne Rucksack. Er hatte die Hütte gefunden. Wir waren gerettet!

Damals habe ich beschlossen, künftig auf den Rat erfahrener Menschen zu hören und nicht mehr alles im Alleingang zu machen.

Zwei haben es besser als einer allein, denn zusammen können sie mehr erreichen. Stürzt einer von ihnen, dann hilft der andere ihm wieder auf die Beine. Doch wie schlecht steht es um den, der allein ist, wenn er hinfällt! Niemand ist da, der ihm wieder aufhilft! Pred. 4,9-10

Neid

Es mag Frauen geben, die es genießen, von anderen beneidet zu werden. In unserer Kultur gilt es ja quasi als Kompliment, Aussagen zu machen wie: „Tolle Figur! Da könnte man richtig neidisch werden!"

In diesem Sinne wurde ich auch schon beneidet – für mein Zeichentalent oder meine gute Beziehung zu meiner Schwiegermutter. Doch jedes Mal merke ich, dass mir dies eher unangenehm ist. Ich fühle mich da oberflächlich beurteilt.

Allzu leicht sehen wir oft nur die schönen Früchte im Leben der anderen. Was dahintersteckt und was andere tatsächlich alles zu tragen haben, übersehen wir gerne. Trotzdem merke ich auch bei mir immer wieder, wie der liebe Neid sich meldet... Wenn etwa meine (noch) kinderlose Schwägerin von ihrem tollen Urlaub in Afrika erzählt... Wenn meine jüngere Schwester über Müdigkeit jammert, da sie so lange auf Parties war... Wenn mein eigener Mann eine ganze Woche lang Skitouren mit Freunden unternimmt und mich ohne Bedenken mit unseren drei kleinen Kindern zurücklässt...

Jedes Gefühl ist zunächst neutral zu bewerten. Es kommt vielmehr darauf an, was man damit macht. Bin ich zum Beispiel zornig, ist das ein Warnsignal und ich nehme mir Zeit nachzuspüren, warum ich zornig bin. So komme ich bald darauf, was gerade schief läuft.

Doch nicht immer gelingt mir dies und dann werde ich erst recht wütend. Die Folgen davon, wie unkontrolliertes Herumschreien etc. haben dann zerstörerische Auswirkungen.

Beim Neid ist es ähnlich. Wenn ich bei mir neidische Gefühle bemerke, halte ich mittlerweile inne und horche in mich hinein (sobald ich die Ruhe dazu finde). Was genau ist es, das ich gerne hätte? Welche Sehnsucht liegt dem zu Grunde? Gibt es dringende Bedürfnisse, die ich über längere Zeit hinweg ignoriert habe?

Frage ich mich dann ganz ehrlich: „Würde ich wirklich gerne tauschen mit dieser oder jener Person? Würde ich das ganze Paket haben wollen inklusive sämtlicher Probleme, mit denen sie sich herumschlägt?", komme ich immer wieder zu dem Schluss: Nein danke. Ich möchte mit niemandem tauschen, denn jeder trägt seinen Rucksack. Keiner hat das perfekte Leben. Wenn ich so konsequent darüber nachdenke, kann ich auch meist verhindern, dass mein Neid zur Missgunst auswächst und wirklich zerstörerisch wird.

Stattdessen versuche ich, die Sehnsucht ernst zu nehmen, die mich immer wieder aufrüttelt, mich nach mehr auszustrecken. Mal den Alltag hinter mir zu lassen und neue Horizonte anzupeilen… In der Woche, als mein Mann frei hatte, hab ich mir selber einige nette Dinge gegönnt, z. B. habe ich eine Freundin über's Wochenende eingeladen.

Indem ich mich darauf konzentriere, meine Bedürfnisse ernst zu nehmen und das zu tun, was für mich dran ist, hat der liebe Neid plötzlich gleich viel weniger Ansatzpunkte, an denen er nagen kann…

Sei zufrieden mit dem, was du hast, und verlange nicht ständig nach mehr, denn das ist vergebliche Mühe – so, als wolltest du den Wind einfangen. Pred. 6,9

Lastenverteilung

Früher spielten wir in der Jugendgruppe folgendes Vertrauensspiel, um das Zusammengehörigkeitsgefühl zu stärken: Etwa zehn Personen stellen sich hintereinander im Kreis auf. Auf ein Kommando hin setzen sich alle langsam hin, sodass jeder auf dem Schoß seines Hintermannes zu sitzen kommt und selber jemanden auf seinem Schoß sitzen hat. Wenn alles klappt und die Balance stimmt, können im Endeffekt alle entspannt sitzen, das gesamte Gewicht wird angenehm verteilt und von allen getragen. Man hält es so eine Weile gut aus.

Auch in einer Familie geht es immer wieder darum, die Lasten gleichmäßig zu verteilen. Sind die Kinder noch klein, hilft im Idealfall die Großfamilie mit, Mutter und Vater zu entlasten. Mit zunehmendem Alter lernen die Kinder dann, selber einen Teil der Aufgaben, die anfallen, zu übernehmen und mitzutragen. Ohne sie zum Mitarbeiten zwingen zu wollen, finde ich es wichtig, dass sie schon früh miterleben dürfen, was es heißt, Teil einer Gemeinschaft zu sein – mit allen Rechten und Pflichten. Es ist nicht gesund, sie bis ins Jugendalter zu schonen.

Manche Tätigkeiten machen ihnen sogar großen Spaß, obwohl sie mit schwerer körperlicher Arbeit verbunden sind. Als meine Schwiegereltern vor einigen Jahren Brennholz bekamen, halfen wir alle zusammen, es in den Keller zu räumen. Benni war damals noch zu klein, doch der vierjährige Fritz fuhr unermüdlich mit seiner Schubkarre hin und her, ganze drei Stunden lang. Er dürfte gespürt haben, wie erfüllend es ist, wenn man gemeinsam etwas Großes schafft. Er kam gar nicht auf die Idee, nach einer Belohnung zu fragen. Der Lohn solcher Aktionen ist die gemeinsame Freude, das gegenseitige Schulterklopfen, die gute Müdigkeit beim gemeinsamen Essen.

Natürlich sieht es bei uns im Alltag nicht immer so aus. Bitte ich unsere Buben um Hilfe, maulen sie erst mal. Doch ich habe ihnen einfach erklärt, dass wir alle Dreck produzieren und es deshalb nicht fair ist, wenn ich alles allein wegräumen muss. So wie „Cinderella", die ihnen im Disney-Film richtig Leid tat. Das leuchtete ihnen ein.

Handelt es sich um unbeliebte Tätigkeiten wie „Spülmaschine ausräumen", überlege ich mir manchmal kleine „Tricks", wie z. B.: Jeder soll genau 15 Sachen wegräumen. Zu dritt sind wir dann in Windeseile fertig.

Ab und zu gibt es auch extra Belohnungen, doch in der Regel wissen sie, dass ein gewisses Maß an Mithilfe einfach dazugehört. Als ich mir vor kurzem den Fuß verletzte und nichts Schweres tragen konnte, bat ich meine Kinder, mir den Wäschekorb die Treppe hinauf- und hinunterzubefördern. Wie begeistert sie waren, dass sie es schafften! Und ich war ihnen sehr dankbar, was ich natürlich sehr betont habe…

Ja, wir Menschen sind dafür geschaffen, einander unter die Arme zu greifen. Mit Gott in unserer Mitte, können wir gemeinsam Großes tun und sichtbare Zeichen Seiner Liebe in dieser Welt setzen!

Jeder soll dem anderen helfen, seine Last zu tragen. Auf diese Weise erfüllt ihr das Gesetz, das Christus uns gegeben hat. *Gal. 6,2*

Krankenhaustrauma

Mit vier Jahren wurden mir die „Polypen" entfernt. Dafür musste ich für vier Tage ins Krankenhaus. Die diensthabende Schwester hatte meine Mutter davon überzeugt, dass es besser für alle wäre, wenn sie mich nicht besuchen käme. Sie meinte, wir würden uns so den täglichen Abschiedsschmerz ersparen. Nun war aber kurz davor mein Großvater gestorben und in meiner Verzweiflung glaubte ich damals tatsächlich, meine restliche Familie sei ebenfalls tot. Anders konnte ich es mir nicht erklären, warum andere Kinder von ihren Eltern besucht wurden und ich nicht.

Diese Gefühle des Verlassenseins haben sich so tief eingebrannt, dass ich mir schwor, meine eigenen Kinder niemals allein im Krankenhaus zu lassen.

Als Benni zweieinhalb Jahre alt war, verletzte er sich den Finger in der zufallenden Haustür und musste operiert werden. Zu der Zeit war ich wieder vollzeitig als Krankenschwester tätig. So war es mir möglich, Benni bis zum OP-Tisch zu begleiten, um ihn dort der Obhut meiner Kollegen zu überlassen. Als ich bei meiner Chefin anfragte, ob ich für den Rest des Tages Pflegeurlaub bekommen könnte, meinte sie, der Kleine sei bei den Schwestern gut aufgehoben, ich solle mir da keine Gedanken machen. Nach Dienstschluss könne ich ihn ja besuchen.

Da merkte ich, wie meine alte Geschichte hochkam. Dieser massive Schmerz und die Wut darüber, damals alleingelassen worden zu sein, überkam mich und verlieh mir unglaubliche Energie. Heulend beschloss ich, mich nicht so einfach abfertigen zu lassen. Mit unglaublicher Bestimmtheit forderte ich mein Recht ein, als Mutter bei meinem Sohn sein zu dürfen, wenn er aus der Narkose erwachen würde.

So saß ich kurz darauf ganz nah am Bett meines Kleinen und beobachtete ihn im Schlaf. Als er nach einer Stunde aufwachte und als erstes nach mir rief, wusste ich, dass ich das richtige getan hatte. Ich war bei ihm, als er mich brauchte.

Ich bin so froh, dass ich mich durchsetzen konnte und das getan habe, was mir wichtig war.

Was ich allerdings nicht erahnen konnte, war der Heilungsprozess, der dadurch in Gang gesetzt wurde. Die Tatsache, dass ich mich so vehement für mein Kind eingesetzt hatte, ließ auch die Wunde in meiner Seele heilen. Mir wurde plötzlich klar, dass Gott damals bei mir gewesen war. Er hatte mich nicht im Stich gelassen. Die Erinnerung an Ohnmacht und Ausgeliefertsein wich einem tiefen Gefühl der Geborgenheit und des Vertrauens. So war ich zweifach dankbar nach dieser Erfahrung.

Ob ich sitze oder stehe – du weißt es, aus der Ferne erkennst du, was ich denke. Ob ich gehe oder liege – du siehst mich, mein ganzes Leben ist dir vertraut. Schon bevor ich rede, weißt du, was ich sagen will. Von allen Seiten umgibst du mich und hältst deine schützende Hand über mir.

Ps. 139,2-5

Freude

Vier Wochen nach der Geburt unserer Tochter Sara fühlte ich mich langsam wieder bereit, kleinere Unternehmungen mit den Kindern zu machen. Eine Freundin von mir, ebenfalls Mutter von zwei kleinen Kindern und einem Baby, hatte uns an einem Vormittag zu sich eingeladen. Wir wollten plaudern und unsere Kinder konnten miteinander spielen. Mit gemischten Gefühlen blickten wir diesem ersten Treffen mit allen sechs Kindern entgegen. Elisa vor allem auch deshalb, weil sie parallel dazu kochen musste.

Da kam mir eine sehr praktische Idee. Meine Mutter hatte mir am Vortag eine Menge vorgekochter Gerichte vorbeigebracht – warum nicht diesen Segen teilen? Ich holte kurzerhand eine Familienportion Gulasch aus dem Gefrierschrank und dazu noch eine frische Gurke aus dem Garten, um meine Freundin damit zu beschenken. Damit war uns beiden gedient: Sie hatte keinen Stress, ein Mittagessen auf den Tisch zu bringen und ich konnte in Ruhe mit ihr reden – soweit die Kinder das zuließen. Die Rechnung ging auf: Wir hatten eine gute Zeit, das Essen war blitzschnell zubereitet und für mich war dies alles eine positive Erfahrung. Meine Freundin bedankte sich herzlich – und ich empfand diese tiefe Freude, die einen erfüllt, wenn man jemand anderem eine Freude gemacht hat.

Ein paar Tage später erwartete ich selber Besuch. An diesem Morgen hatte ich noch eine Menge zu tun, bevor die Gäste kamen. Ich hatte keine Ahnung, wie ich das chaotische Durcheinander in so kurzer Zeit in Ordnung bringen sollte.

Völlig überraschend läutete eine gute Freundin unserer Familie, selbst Mutter von fünf erwachsenen Kindern, an der Tür. Sie muss bemerkt haben, dass ich unter Stress stand, und bot mir ihre Hilfe an. Dankbar konnte ich mein Glück kaum fassen! Höchst motiviert packten wir nun beide an, beschäftigten daneben die Kinder und als mein Besuch dann eintraf, waren wir alle in Hochstimmung. Außerdem glänzte meine Küche wie schon lange nicht mehr…

Dann kam noch spontan mein Schwiegervater vorbei und nahm sich ein wenig Zeit, um mit meinen Besucherinnen zu plaudern, sodass ich mich in Ruhe zehn Minuten meinem Sohn widmen konnte, der auch etwas Aufmerksamkeit brauchte.

Egal, ob wir jemanden beschenken oder selber beschenkt werden – Gott hat es in Seiner Genialität so eingerichtet, dass uns beides mit Freude erfüllt. Und Er sorgt wie ein Vater dafür, dass wir reichlich von allem haben, sogar mehr als genug! Das habe ich in meinem Alltag mit Gott nun schon öfters erfahren und bin Ihm von Herzen dankbar dafür!

Wenn jemand deine Unterstützung braucht und du ihm helfen kannst, dann weigere dich nicht. Vertröste ihn nicht auf morgen, wenn du heute helfen kannst. *Spr. 3,27+28*

Sorgen

Als Fritz fünf Jahre alt war, erlebte ich, was es wirklich heißt, Angst um ein Kind zu haben. Unser ältester Sohn war krank und fieberte hoch, doch das war schon öfter der Fall gewesen und so machte ich mir kein Kopfzerbrechen deswegen. Wir saßen gerade aneinandergekuschelt auf der Couch und lasen Geschichten, als ich bemerkte, dass Fritz Harn verlor. Zuerst dachte ich, er sei eingeschlafen, doch er hatte das Bewusstsein verloren. Panisch rief ich nach Georg, der glücklicherweise in solchen Situationen einen kühlen Kopf bewahrt.

Die zehn Minuten, die der Notarzt bis zu seinem Eintreffen brauchte, kamen mir vor wie eine Ewigkeit. Völlig hilflos mussten wir mit ansehen, wie unser Kind in einem Fieberkrampf die Augen verdrehte, völlig schlaff in den Armen meines Mannes hing und auf nichts reagierte. Unter Tränen betete und flehte ich zu Gott, er möge unseren Sohn beschützen. Zwar wusste ich, dass dieser Zustand nicht lebensbedrohlich ist, doch das eigene Kind so zu sehen, machte mir wirklich Angst. Wie ferngesteuert packte ich das Nötigste zusammen, denn es war mir klar, dass wir zur Überwachung im Spital bleiben mussten. Ich war so froh, einige der Sanitäter gut zu kennen und zu wissen, dass auch sie mitbangten und -beteten. Bereits im Rettungswagen begann das krampflösende Mittel zu wirken, das der Notarzt verabreicht hatte und Fritz kam nach und nach zu sich. Bald lagen wir nebeneinander im Bett des Überwachungszimmers und der Kleine konnte gar nicht aufhören zu reden.

Die überfließende Liebe, die ich in diesem Moment für ihn empfand, machte mir klar, dass ich alles Mögliche tun und sogar das Unmögliche versuchen würde, um ihn zu retten. Gleichzeitig wurde mir schmerzlich bewusst, dass wir Eltern trotz aller Liebe nichts in der Hand haben, um unsere Kinder vor Unheil zu bewahren. Das steht allein in Gottes Macht. Und es erfüllte mich tiefe Dankbarkeit, dass mir dieses Kind geschenkt worden war.

Sorgen begleiten uns Eltern Tag für Tag. Wir machen uns Gedanken um das Wohlergehen unserer Kinder, um ihre Freunde, ihre Zukunft. Das ist ganz natürlich und ich habe noch keinen Bibelvers gefunden, der dies verurteilt. Doch wie alles im Leben können wir auch das Sorgen übertreiben. Übermäßige Sorge kann einengend und erdrückend auf unsere Kinder wirken und uns selber die Lebensfreude nehmen. Deshalb sind wir gut beraten, all unsere Sorgen immer wieder auf Gott zu werfen und Ihm unsere Kinder im Gebet jeden Tag neu anzuvertrauen. In Seiner Vaterliebe dürfen wir uns sicher und geborgen fühlen, denn egal, was auch kommen mag, Er ist da. Und das allein zählt.

Doch gerade dann, wenn ich Angst habe, will ich mich dir anvertrauen. *Psalm 56,4*

Negatives Denken

Jahrelang war ich eine Meisterin des negativen Denkens. Meine Angewohnheit, Dinge immer von der negativen Seite zu betrachten, alles persönlich zu nehmen und mich als das arme Opfer zu fühlen, hatte sich zu einem zerstörerischen Abwärtsstrudel entwickelt, der alles mit sich riss. Manchmal hockte ich tagelang in meiner depressiven Stimmung, unfähig zu handeln, erdrückt von der Schwere meines Daseins. Selbst bei strahlendem Sonnenschein herrschte pechschwarze Finsternis in meiner Seele. Ich saß da, grübelnd und in schwere Gedanken versunken, teilnahmslos, freudlos, ohne Perspektive. Ich war in diesen Phasen ein Schatten meiner selbst. Dann kamen wieder Zeiten, in denen ich sehr aggressiv war. Wut, Zorn, und Hassgefühle ließen mich wie ein verwundetes Tier überreagieren.

Irgendwann erkannte ich endlich, dass ich Hilfe brauchte. Ich war unfähig, mich selbst aus diesem Sumpf zu ziehen und wollte nicht, dass meine Kinder mich weiterhin so erlebten. Zusammen mit einer Therapeutin und einem Seelsorger bearbeitete ich Stück für Stück die schwierigen Kapitel meiner Vergangenheit. Ich wollte zu den Wurzeln meiner Probleme vordringen. Der Prozess war sehr schmerzhaft, aber heilsam. Der Rückhalt, den Gott, meine Familie und meine engsten Freunde mir in dieser Zeit gaben, half mir, durchzuhalten. Lebenslügen wurden aufgedeckt, viel Ballast und Angst fielen so nach und nach von mir ab.

Nach etwa zwei Jahren intensiver Aufarbeitung spürte ich wieder Boden unter den Füßen. Und doch merkte ich, dass ich in vielen Dingen immer noch so handelte wie früher. Es ging mir viel besser, doch viele alte Angewohnheiten blieben. Wie ein Hinkender, der nach einer Operation eigentlich wieder normal gehen könnte, aber sich so an das Hinken gewöhnt hat, dass es ihm gar nicht auffällt.

Nun übe ich mich immer wieder darin, den negativen Gedanken keinen Raum zu geben. Ein Spruch von Mark Twain beschreibt die Herausforderung dieser Handlung ganz treffend: „Eine Angewohnheit kann man nicht aus dem Fenster werfen. Man muss sie die Treppe hinunterboxen. Stufe für Stufe." Es ist also harte Arbeit. Mein Mann erkennt sehr schnell, wenn ich wieder beginne, alles persönlich zu nehmen und mich als Opfer zu fühlen. So hilft er mir, diese Gedanken bereits im frühen Stadium zu erkennen. Doch handeln muss ich selbst. Ich möchte diesem negativen Denken etwas entgegensetzen.

Neulich fand ich schon am Morgen alles nur anstrengend und mühsam. Mit dieser Einstellung wollte ich aber auf keinen Fall den Tag durchleben. So stellte ich mir einen CD-Player ins Bad, legte eine CD ein, deren Lieder Gott lobten und bat Ihn, meine Gedanken zu verändern. Während einer erfrischenden Dusche kamen mir mindestens zehn Dinge in den Sinn, für die ich dankbar sein konnte. Mit dieser neuen Sicht begann ich dann den Tag und freute mich über diesen kleinen Sieg in Bezug auf meine alte Gewohnheit.

Wenn du keinen Ausweg mehr siehst, dann rufe mich zu Hilfe! Ich will dich retten, und du sollst mich preisen.

Ps. 50,15

Reife

Neulich im Supermarkt stand ich vor einer schwierigen Entscheidung. Ich brauchte eine Feuchtigkeitscreme und hatte ein wenig Muße, mir einzelne Produkte genauer anzusehen. Forschend stand ich vor dem übervollen Regal mit Produkten, die alle die ewige Jugend zu versprechen schienen. Von der Creme, die ich gewählt hatte, gab es nun allerdings zwei Varianten. Eine für junge und eine für reife Haut. Hatte ich mich bisher noch immer unbewusst zu „den Jungen" gezählt, so war ich mir dessen plötzlich nicht mehr so sicher.

Beim morgendlichen Blick in den Spiegel sind mittlerweile deutliche Falten, vor allem um die Augen herum, erkennbar. Ich fühle mich zwar noch nicht alt mit Mitte 30, doch eindeutig mehr „reif" als „jung". Nach langem Hin und Her wählte ich also die Tagescreme für reife Haut.

Für mich ging es dabei um mehr als nur um die Wahl der richtigen Creme. Ich habe damit eine grundlegende Entscheidung für mein Leben getroffen. Ganz gegen den Trend der Zeit, der uns von allen Seiten einzureden versucht, nur jugendliche Frische und ein makellos glatter Körper seien akzeptabel, will ich bewusst zu meinem Alter und meiner Lebenserfahrung stehen.

Ich bin eben nicht mehr das unbekümmerte junge Mädchen, das draufgängerisch die Welt erkundet. Ich schaue meinen jungen Jahren in keiner Weise wehmütig nach, vielmehr bin ich froh darüber, in den letzten Jahren so vieles gelernt und dazugewonnen zu haben. Mein Leben ist ruhiger geworden, nicht langweilig, sondern einfach geprägt durch die Verantwortung, die ich als Mutter von drei Kindern übernommen habe. Ich merke, dass ich immer mehr zu meiner Mitte finde und viel tiefere Freude empfinde als früher. Nein, ich bin zufrieden mit mir, mit meinem Alter und das möchte ich auch gerne zum Ausdruck bringen.

Es macht mich traurig, wenn ich Frauen erlebe, die eine Menge Geld und Energie darauf verschwenden, möglichst jugendlich zu wirken und verbissen gegen das Altern kämpfen. Ich möchte dafür sorgen, die „richtigen" Falten zu bekommen! Mein Gesicht soll gezeichnet sein von Lachfalten, nicht von Zornes- und Sorgenfalten. Dafür ist eine positive Grundeinstellung zum Leben notwendig, an der ich Tag für Tag arbeiten kann.

Natürlich genieße ich es auch, mich in meiner Haut wohlzufühlen, mich zu pflegen, ab und zu zu schminken und mich meinem Typ entsprechend zu kleiden.

Aber meine Zeit und Energie möchte ich für meine innere Weiterentwicklung nutzen und lernen aus Gottes Liebe zu leben. Diese Art der Schönheit überstrahlt meine vergängliche körperliche Hülle, sie lässt mich von innen her leuchten und kann auch anderen zum Segen werden.

Nicht der äußerliche Schmuck – wie kunstvolle Frisuren, goldene Ketten oder aufwendige Kleidung – soll für euch Frauen wichtig sein. Eure Schönheit soll von innen kommen! Schmückt euch mit Unvergänglichem wie Freundlichkeit und Güte. Das gefällt Gott. *1. Petr. 3, 3-4*

Sisyphus

In der griechischen Mythologie gibt es die Geschichte des Helden Sisyphus. Er musste zur Strafe einen Felsblock einen steilen Hang hinaufrollen. Kurz bevor er den Gipfel erreichte, entglitt ihm der Stein, und er musste wieder von vorne anfangen. Deshalb nennt man heute Aufgaben, die trotz großer Mühen so gut wie nie erledigt sein werden, Sisyphusarbeit.

In meinen Bemühungen, den Alltag zufriedenstellend zu bewältigen, fühle ich mich manchmal selber so wie Sisyphus. Zwar rolle ich keine Steine bergauf, sondern versuche ständig, sich auftürmende Berge abzubauen. Geschirrberge, Berge an Schmutz-, Bügel- und Flickwäsche, Spielzeug, etc... Kaum freue ich mich, einen der Berge beseitigt zu haben, türmt sich bereits der nächste und der ganze Zirkus beginnt von vorne. Den ganzen Tag räume, wische, fege ich allen hinterher, mit dem Ergebnis, dass es trotz allem so aussieht, als hätte niemand auch nur einen Finger gerührt. Wenn man einen Haushalt mit kleinen Kindern nur nach bleibenden Ergebnissen beurteilt, endet man unweigerlich im Frust. Denn: die frisch geputzten Fenster sind nach fünf Minuten bereits wieder verschmiert. Der blitzsauber gewischte Boden wird sofort wieder angekleckert. Staub finde ich trotz fast täglichem Saugen immer und überall. Manchmal frage ich mich wirklich, warum ich mich so bemühe, wenn so wenig dabei herauskommt.

Vielleicht sollte ich das alles viel entspannter sehen. Meine Ansprüche noch weiter herunterschrauben. Die Fenster einfach so lassen, wie sie sind und dazu stehen. Damit aufhören, allen alles hinterherzutragen und es sie selber machen lassen. Und vor allem: mich davon lösen, bleibende Erfolge erzielen zu wollen.

Zwei Zimmer in unserem Haus sind für Georg und mich reserviert: unser Arbeitszimmer und unser Schlafzimmer. Da kann ich das verwirklichen, was mir im restlichen Wohnbereich nicht gelingt: bleibende Wohlfühlatmosphäre. Wenn mir das Chaos dann mal wirklich zu viel wird, verschwinde ich einfach für eine Weile in diesen Refugien und tanke Energie.

Für das restliche Haus gilt das Prinzip: Survival-Haushalt.* Das heißt, mit einem Mindestaufwand einen Mindeststandard zu halten. Dies versuche ich dann jedoch wirklich mit Liebe zu tun. So freue ich mich fünf Minuten lang an meinem glänzenden Parkett, bevor Sara ihre Spuren darauf hinterlässt, koche bewusst das aufwendige Lieblingsessen meiner drei Männer, auch wenn es dann in 15 Minuten vertilgt ist.

Ich versuche mir immer vor Augen zu halten, dass es mein Hauptziel ist, dafür zu sorgen, dass meine Familie sich geliebt fühlt und gerne hier zu Hause ist. Dazu gehört mehr als ein tiptop geputztes Haus. Freude soll hier herrschen, Lachen unsere Wohnung erfüllen. Diese Herzenshaltung entspannt und hilft mir, das Wesentliche nicht aus den Augen zu verlieren.

Der König wird ihnen dann antworten: Das will ich euch sagen. Was ihr für einen meiner geringsten Brüder getan habt, das habt ihr für mich getan! *Mt. 25,40*

---

* Mein Buchtipp dazu: Bianka Bleier / Birgit Schilling, Besser einfach – einfach besser. Das Haushalts-Survival-Buch. SCM Hänssler, Holzgerlingen.

Schokoglasur

Eigentlich koche ich ganz gerne. Es macht mir Freude, meine Lieben mit mal mehr, mal weniger aufwendigen Speisen zu versorgen und dabei ein wenig Kreativität einfließen zu lassen. Obwohl ich nie Kochunterricht hatte, geht es mir relativ leicht von der Hand und meine Familie ist zufrieden.

Mit dem Backen sieht es da ganz anders aus. Ich weiß nicht, warum, aber ich verabscheue es geradezu. Ein paar Mal im Jahr raffe ich mich auf, irgendeinen Kuchen zu backen – abgesehen von Apfelstrudel aus Fertigblätterteig, der gilt nicht. Eigentlich ist es jedes Mal eine Strafe für mich und fast jedes Mal passiert mir eine Panne. Entweder vergesse ich die Eier oder ich schütte zu viel von einer Zutat in den Teig. Der Kuchen geht nicht ordentlich auf, verbrennt oder verklebt völlig mit der Form. Selbst Mikrowellen-Popcorn brennt bei mir an! Für manches hab ich einfach kein „Händchen".

Doch ich Glückliche habe einen Mann, der backen kann – und es auch manchmal tut. Wenn ein Geburtstag bevorsteht und eine Torte gebraucht wird, kaufe ich alle Zutaten ein und überlasse ihm dann seelenruhig den Rest. Meine Aufgabe ist es, mich um die Glasur zu kümmern.

Einmal wollte ich als krönenden Abschluss eine ganz besondere Schokoladenglasur machen – nach einem Rezept meiner Oma. Dazu muss man allerdings Zucker spinnen, was sogar für erfahrene Zuckerbäcker eine heikle Angelegenheit darstellt. Doch ich wollte es unbedingt versuchen. Eifrig wachte ich über die geschmolzene Schokolade und den kochenden Zucker. Aber irgendetwas ging schief. Als ich beides miteinander verrührte, wurde plötzlich aus der flüssigen eine feste Masse, die sich nicht mehr bewegen ließ. Meine schöne Glasur war zu Stein geworden!

Panisch gab ich wild drauflos Milch dazu, dann noch Butter, doch es änderte nichts. Entmutigt hielt ich endlich inne und hörte auf, das Verlorene retten zu wollen. Schließlich radelte ich noch mal zum Supermarkt und kaufte eine von Experten hergestellte Fertig-Glasur...

Manchmal geht es mir im Bezug auf Menschen ähnlich. Es gibt in meinem Leben einige verfahrene, verkorkste Beziehungen, die ich nicht lösen kann. Ich möchte alles richtig machen, doch aus irgendeinem Grund funktioniert es einfach nicht. Ich tue mich oft so schwer damit, loszulassen, zuzugeben, dass ich es nicht schaffe und Gott um Hilfe zu bitten.

Im vergangenen Jahr durfte ich die Erfahrung machen, dass sich zwei dieser verfahrenen Situationen auf wundersame Weise lösten. Es war nicht plötzlich alles eitel Wonne, doch mit einem Mal war eine Gesprächsbasis da, um die ich jahrelang gebetet hatte. So antwortet Gott oft überraschend – nicht immer dann, wenn ich es mir wünsche. Auch nicht, wie ich es erwarte. Ich möchte immer sofort alle Probleme vom Tisch haben, denke Ich-bezogen. Doch Gott allein sieht das ganze Bild, Er allein weiß, wann wofür die Zeit reif ist.

Meine Gedanken sind nicht eure Gedanken und meine Wege sind nicht eure Wege. Denn wie der Himmel die Erde überragt, so sind auch meine Wege viel höher als eure Wege und meine Gedanken als eure Gedanken.

Jes. 55,8-9

Verzagtheit

Fast wäre ich wieder in die Falle getappt. Ich war drauf und dran, einem negativen Geist – oder eher Ungeist – direkt in die Arme zu laufen. Sein Name ist „Verzagtheit“ und er ist ein enger Verwandter der Furcht.

Der Auslöser war mal wieder das liebe Alltagsleben. Nach einigen anstrengenden Wochen wurden wir alle – pünktlich zu Schulbeginn – abwechselnd krank – alle, bis auf die drei Monate alte Sara. Mein Mann war außerdem fünf Tage verreist, was zusätzlichen Stress verursachte. Perfektes Chaos also. Ich war, kaum selbst wieder auf den Beinen, im Dauereinsatz, um das Ausmaß dieser „Katastrophe“ auf ein Minimum zu reduzieren. Dies klingt vielleicht ein wenig drastisch, doch gefühlsmäßig war es für mich wirklich katastrophal. Ich hatte mir den Herbst ganz anders vorgestellt! Zu allem Überfluss war draußen schönstes Wanderwetter, das ich allerdings nur durch meine ungeputzten Fensterscheiben sehnsüchtig betrachten konnte. Die einzigen Berge, die ich zu sehen bekam, bestanden aus Geschirr und Wäsche. Nach etwa vier Wochen wackeren Durchhaltens hatte ich diese Situation endgültig satt, und da schlug er zu, der Geist der Verzagtheit. Er brachte mich fast dazu, den Mut zu verlieren.

Da las ich – in einer der wenigen Verschnaufpausen – wieder einmal den Bibelvers, der auf meinem Schreibtisch steht: „Denn Gott hat uns nicht einen Geist der Verzagtheit gegeben, sondern der Kraft, der Liebe und der Besonnenheit.“ Um mir darüber einmal ganz klar zu werden, was „Verzagtheit“ eigentlich bedeutet, suchte ich zunächst im

Internet nach verwandten Begriffen: „Niedergeschlagenheit“ ist ein Synonym, auch Aussichtslosigkeit, Mutlosigkeit, Hoffnungslosigkeit, Trostlosigkeit, um nur einige zu nennen. „Ja, genau das trifft es perfekt. All das empfinde ich momentan“, dachte ich voller Selbstmitleid.

Und doch wollte ich mit Gottes Hilfe nicht in diesem emotionalen Zustand verharren. Ermutigt durch den Bibelvers, beschloss ich, der Verzagtheit den Kampf anzusagen.

Ich bat Gott, mich mit Kraft, Liebe und Besonnenheit zu erfüllen. Langsam kehrte meine Energie zurück. Voller Freude dankte ich Gott. Nun hat die Verzagtheit keine Chance mehr, freute ich mich über diesen Sieg.

Doch schon am nächsten Tag hatte ich einen heftigen Rückfall. So schnell verschwindet die Verzagtheit dann wohl doch nicht aus meinem Leben. Mir wurde bewusst, dass ich in der Vergangenheit der Verzagtheit sehr viel Raum in meinem Leben gegeben hatte und es einige Zeit und Mühen kosten würde, eine dauerhafte Veränderung zu erleben. Mit Gottes Hilfe ist diese Veränderung möglich gewesen und heute bin ich sehr dankbar dafür.

Denn Gott hat uns keinen Geist der Furcht gegeben, sondern sein Geist erfüllt uns mit Kraft, Liebe und Besonnenheit. *2. Tim. 1,7*

Muttergefühle

Ich bin die Älteste von sieben Geschwistern und habe mich so schon sehr früh um andere gekümmert. Zwar war ich nicht immer begeistert davon, eine „Zweitmutter" zu sein, doch trotzdem hatte ich seit meiner Jugend immer einige „Schützlinge", die ich betreute. Zuerst waren dies meine eigenen Geschwister, später einzelne Jugendliche aus unserer Gemeinde, die in schwierigen Situationen steckten. Es erfüllte mich und gab mir einen Sinn, für andere da zu sein und sie in schwierigen Phasen ihres Lebens zu begleiten.

Ich hatte damals ein Vorbild, dem ich nacheiferte. In dem Buch von C.S. Lewis „Die große Scheidung" wird eine Frau beschrieben, die mich faszinierte. Ich wollte so werden wie sie. So heißt es in der Geschichte:„Jeder Jüngling oder Knabe, der ihr begegnete, wurde ihr Sohn – auch wenn es nur der Junge war, der das Fleisch an der Küchentür abgab. Jedes Mädchen, das ihr begegnete, wurde ihre Tochter. – Ist das nicht etwas hart für die Eltern der Kinder? – Nein, es gibt Leute, die die Kinder anderer stehlen. Aber ihre Mutterschaft war nicht von dieser Art. Die mit ihr Beschenkten kehrten zu ihren natürlichen Eltern zurück und liebten sie umso mehr."

Die Frau, um die es hier geht, ist natürlich keine „echte" Frau. Es ist eine göttliche Form von Liebe, die da beschrieben wird und nur Gott ist in der Lage, uns so zu lieben. Wir von uns aus schaffen das nicht.

Echte Liebe beruht auf einer klaren Entscheidung. Sie beginnt dort, wo ich nicht unbedingt Sympathie empfinde und ich nichts im Gegenzug zu erwarten habe.

Als ich selber Mutter wurde, merkte ich, welch große Herausforderung es ist, echte, bedingungslose Liebe zu geben, Tag für Tag. Mir wurde schmerzlich bewusst, wie beschränkt meine natürliche Fähigkeit dazu ist und so bat ich Gott, mein Herz zu verwandeln. Seitdem erbitte ich von Ihm jeden Tag neu diese Liebe. Und reichlich erfüllt und beschenkt kann ich nun auch meiner Familie davon weitergeben. Und es kommt vor, dass von Zeit zu Zeit auch weitere Menschen ein wenig Liebe und Zuwendung abbekommen – Freundinnen, Bekannte, Jugendliche. Klar halte ich dabei Rücksprache mit Gott, was in der jeweiligen Situation dran ist, denn für alle Welt jederzeit da zu sein, würde mich heillos überfordern. Doch ich durfte erfahren, dass Gott mein Herz erweitert, mich liebesfähiger und auch belastbarer macht – auch wenn sich mein Engagement für andere manchmal darauf beschränkt, für sie zu beten.

Ich denke, dass Gott sich über jede Kleinigkeit freut, die wir für einander in Liebe tun. Und wer weiß, vielleicht werden wir im Himmel einmal gemeinsam mit all unseren „Kindern", die wir im Herzen mitgetragen haben, vor Gott tanzen – und es wird eine Freude sein, zu sehen, was Gott durch uns in ihrem Leben bewirken konnte!

Ich will ihnen ein anderes Herz und einen neuen Geist geben. Ich nehme das versteinerte Herz aus ihrer Brust und gebe ihnen ein lebendiges Herz. *Hes. 11,19*

Nach den Sternen greifen

Sie stammt aus Schottland und ihr größter Traum war es, einmal Sängerin zu werden. Rein äußerlich ist sie eine ganz gewöhnliche Frau Ende vierzig, der man es ansieht, dass sie vom Land kommt. Eines Tages bekam sie die Chance, in einer britischen Talente-Show aufzutreten und brachte die ganze Welt zum Staunen – Susan Boyle.

Ich habe mir das Video ihres ersten Auftrittes im Internet angesehen und gespannt mitverfolgt, wie diese einfache, aber sehr selbstbewusste Person ihr Publikum verzauberte. Besonders interessant war für mich die Reaktion der Zuschauer, als sie die Bühne betrat. Amüsiert und etwas spöttisch blickten sie zu Tausenden auf diese Dame, der niemand zutraute, etwas Annehmbares zustande zu bringen. Ich zweifelte selber daran und dachte: Wenn ich so aussähe wie sie, würde ich mich nie auf diese Bühne trauen!

Doch sie ignorierte die offensichtliche Abneigung rund um sie herum, stand selbstsicher ihre Frau und nahm das Mikrofon in die Hand, um das Lied „I dreamed a dream" aus dem Musical „Les Miserables" vorzutragen. Kaum hatte sie die ersten Takte gesungen, sah man überall ungläubige Blicke, völlige Überraschung, ja Bestürzung. Dann brach tosender Beifall los. Damit hatte niemand gerechnet. Diese Frau hat eine wahre Engelsstimme! Und sie sang diese Zeilen mit solcher Überzeugung, dass es niemand mehr wagte, an der Verwirklichung ihres Traumes zu zweifeln.

Angeblich haben mittlerweile mehr als 300 Millionen Menschen auf der ganzen Welt das Video dieses Auftrittes von Susan Boyle gesehen. Warum hat diese völlig unbekannte Frau über Nacht Millionen von Fans? Sie hat mit ihrem Mut, gegen alle Ablehnung zu ihrem Talent zu stehen und etwas daraus zu machen, viele Menschen begeistert und inspiriert.

Oft erwische ich mich dabei, dass ich bestimmte Dinge tue oder auch lasse, um zu beeindrucken. Ich frage mich, wie dieses oder jenes wirkt und was die Leute wohl über mich denken könnten. Aber ich brauche mich gar nicht zu definieren durch das, was ich alles kann. Wenn ich mich von Gott ganz angenommen weiß, kann ich auch bei scharfem Gegenwind gerade stehen, so wie Susan Boyle. Denn Er hat mich geschaffen und mir alles gegeben – ich brauche mir also nichts darauf einzubilden. Mein Aussehen, meine Gesundheit, meine Talente, alles ist letztlich Sein Geschenk. Was Er nun von mir möchte, ist, dass ich mich und meine Gaben für Ihn einsetze, um diese Welt zu bereichern und Ihn den Menschen näher zu bringen. Ihm allein gebührt der Applaus!

Schaut euch selbst an, liebe Brüder und Schwestern! Sind unter euch, die Gott berufen hat, wirklich viele, die man als gebildet und einflussreich bezeichnen könnte oder die aus einer vornehmen Familie stammen? Nein, denn Gott hat sich die aus menschlicher Sicht Törichten ausgesucht, um so die Klugen zu beschämen. *1. Kor. 1,26f*

Ordnung

Spätabends bei meinem allerletzten Rundgang tappe ich barfuß im Dunklen von einem Bett zum anderen, um die Kinder nicht aufzuwecken. Da durchfährt mich ein stechender Schmerz. Ich schreie, wenn auch unterdrückt, laut genug, um Georg herbeizuholen. „Diese Sch...-Legosteine! Ich hab den Kindern doch gesagt, sie sollen aufräumen, bevor sie schlafen gehen!" – Allerdings wäre es meine Aufgabe gewesen, nachzusehen, ob dies auch wirklich geschehen ist ... Georg schaut mich forschend an. „Kein Wunder", meint er trocken. „Du bist auch nicht gerade das beste Vorbild in Sachen Ordnung." Schweigend schieße ich einen giftigen Blick zurück. Er hat ja recht. So weit ich mich erinnern kann, habe ich das Wort Ordnung schon immer verabscheut. Meine Großmutter, die übrigens die einzige ordentliche Person in meinem künstlerisch-chaotischen Elternhaus war, ermahnte mich oft deswegen. Ordnung sei das halbe Leben, meinte sie. „Ich lebe in der anderen Hälfte", lautete meine Devise.

Doch mit den Jahren habe ich meine Meinung darüber geändert. Ich habe irgendwann eingesehen, dass ein Chaot wie ich das Leben für sich selbst und auch für alle anderen in seinem Umfeld nicht gerade einfach macht. Allein oder zu zweit war mein Hang zum Chaos noch halbwegs erträglich. Akut wurde das Thema allerdings, als wir zu viert in einer 52 m^2 kleinen Wohnung lebten und schon wegen des Platzmangels eine grundlegende Ordnung halten mussten. Da kam es des öfteren vor, dass Georg, ein gewissenhafter und genauer Mensch, einen „Anfall" bekam und sämtlichen

Krimskrams, den ich herumliegen hatte, auf den Balkon beförderte – bei fast jedem Wetter. Bestürzt lief ich meinen Zetteln, Büchern, Haarbändern und ähnlichen Dingen nach, um sie zu retten. Doch nachhaltig waren diese Aktionen leider nicht und so sind auch jetzt in unserem Haus viele „freie" Flächen vollgeräumt.

Ehrlich gesagt ist dieses äußere Chaos oft ein Spiegel meines inneren Zustandes. Besonders während der vergangenen drei Jahre merkte ich, dass Gott verschiedene Bereiche meines Lebens in Ordnung bringen wollte. Das war schwierig für mich, da ich die Konfrontation mit meiner Realität zu vermeiden suchte. So musste ich an einige Tiefpunkte kommen, bis ich mich endlich dafür entschied, mir helfen zu lassen, Dinge zu bereinigen, zu vergeben und um Vergebung zu bitten. So ist viel Licht und Luft in mein Lebenshaus gekommen. Und das gibt mir immer wieder neuen Mut, auch das äußerliche Chaos zu bekämpfen. Ich werde nie wie Georg oder meine Oma werden – das brauche ich auch gar nicht – aber ich freue mich über die kleinen Fortschritte, wenn es nicht nur in meinem Herzen hell und freundlich wird, sondern auch in unserem Heim – mit Gottes Hilfe!

Denn Gott will keine Unordnung, er will Frieden.

1. Kor. 14,33

Stress-Momente

Immer wenn ich es besonders eilig habe, spielen die Sprösslinge plötzlich verrückt. Ausgerechnet dann, wenn ich meinem zweijährigen Fritz die Jacke anziehen möchte, will er Verstecken spielen und läuft, vor Vergnügen kreischend, davon. Als er merkt, dass ich es ernst meine, protestiert er lautstark und wehrt sich heftig, während ich seine zappelnden Arme zu bändigen versuche. Mit eiserner Miene denke ich: „Das macht er zum Trotz, um mich zu ärgern!“, was meine miese Laune noch verstärkt. Zu allem Überfluss beginnt nun Benni, den ich bereits in seinen dicken Overall gesteckt habe, wie am Spieß zu schreien. Mit hochrotem Kopf strampelt er wie verrückt, und als ich dem verräterischen Duft nachgehe, bemerke ich den Grund: Eine volle Windel, ausgerechnet jetzt! Ganz kurz überlege ich ernsthaft, ihn einfach so einzupacken und loszufahren, doch die scharfe Stimme meines Gewissens ist strikt dagegen. So etwas sei unmenschlich, meint sie.

Also beginne ich noch mal von vorn. Zähneknirschend schäle ich den Kleinen aus all seinen Schichten, die ihn vor der eisigen Kälte draußen schützen sollen und beginne damit, das Übel zu beseitigen. Während sich neben mir die knallgelben Feuchttücher türmen und ich feststellen muss, dass auch der Body des Kleinen vom Muttermilchstuhl etwas eingefärbt wurde, hat sich Fritz etwas Neues ausgedacht. Schelmisch grinsend steht er in voller Montur auf dem Küchentisch und blickt mich herausfordernd an. „Komm sofort da runter!“, befehle ich streng, doch er kümmert sich kein bisschen darum. „Das reicht!“, schreie ich ihn an, packe ihn grob und stelle ihn fester als nötig auf den Boden. Fritz beginnt zu heulen, Benni, der von seiner Unterlage gerollt ist, brüllt ebenso.

Ich bin am Ende. Wütend gehe ich ins Nebenzimmer und schreie auch. Nach einer kurzen Verschnaufpause betrachte ich das Chaos, das ich verursacht habe, tröste die beiden und packe eilig alle Sachen zusammen. Als ich bereits die Wohnungstüre zugesperrt habe, bemerke ich, dass ich selber noch in den Socken dastehe!

Unweigerlich muss ich über mich selbst lachen. Was bin ich doch für ein Chaot! Was soll das alles? Warum hetze ich mich und die Kinder so unbarmherzig, nur um irgendeinen Termin einzuhalten? Doch nur, weil ich mir nicht die Blöße geben möchte, es nicht rechtzeitig zu schaffen. Kopfschüttelnd greife ich zum Handy und informiere meine Bekannten, die auf uns warten, dass wir eine Viertelstunde später kommen. Während der Autofahrt hören wir fröhliche Musik, singen dazu und haben eine Menge Spaß zu dritt. So ist es viel besser, denke ich entspannt. Danke, Gott, dass Du mir immer wieder zeigst, was wirklich wichtig ist...

Denn Gottes Barmherzigkeit ist sichtbar geworden, mit der er alle Menschen retten will. Sie bringt uns dazu, dass wir uns von aller Gottlosigkeit und allen selbstsüchtigen Wünschen trennen, dafür besonnen und rechtschaffen leben, wie es Gott gefällt. *Tit. 2,11-12*

Licht

Als Kinder hatten wir großen Spaß daran, „Blinde Kuh“ oder „Topfschlagen“ zu spielen und dabei bewusst auf das Sehen zu verzichten. Auch unsere Kinder finden es spannend, etwas mit verbundenen Augen zu suchen, in dem Bewusstsein, dass dieser Zustand der Blindheit nur von kurzer Dauer ist.

Wenn wir uns allerdings vorstellen, längere Zeit ohne Augenlicht zu sein, macht uns das Angst. Wie sehr wir das Licht brauchen, um uns gut zurechtzufinden, wird uns erst bewusst, wenn wir keines haben.

Fast jeder macht in seinem Leben irgendwann die Erfahrung, wie es ist, unfreiwillig im Dunklen zu sitzen. Manch einer war vielleicht gerade im hintersten Winkel des Kellers, als die Taschenlampenbatterie ausging. Oder man musste beim Zelten mitten in der Nacht auf's Klo und hatte keine Lampe. Oder es passierte, dass während eines Gewitters plötzlich der Strom ausfiel und nicht gleich eine Kerze zur Hand war. Ich kann es nur bewundern, wie Blinde sich zurechtfinden und ihre anderen Sinne trainiert haben, um das fehlende Augenlicht zu ersetzen!

Mein eindrucksvollstes Erlebnis zu diesem Thema war eine Führung durch die Ausstellung „Dialog im Dunklen“ vor einigen Jahren. Dabei wurden wir von einer blinden Führerin durch eine nachgebaute „Welt“ ohne Licht geführt, um uns Sehenden einen Eindruck zu vermitteln, wie es Blinden in unserer Welt ergeht. Nachdem sich unsere Augen an das absolute Schwarz gewöhnt hatten, durften wir verschiedene Alltagsszenen erleben: vom Spaziergang in einem Park - bei dem ich mitten in den Büschen landete, über Straßenszenen mit Geräuschen, einem Besuch auf dem Markt bis zu einer kleinen Stärkung in einer stockdunklen Bar. Obwohl die Führung nur etwa eine Stunde dauerte, war ich danach völlig erledigt. Ich hatte mich derart angestrengt, mich mit meinen restlichen weniger trainierten Sinnen zurechtzufinden, dass ich heilfroh war, mich im Licht wieder entspannen zu können.

Was bewirkt die plötzliche Abwesenheit von Licht? Ich fühlte mich sehr allein und unbeholfen, klammerte mich an die anderen. Alle Gegenstände hatten auf einmal eine ganz andere Dimension. Langsam und vorsichtig versuchte ich vorwärts zu kommen, ständig auf der Hut, nirgendwo anzustoßen oder zu stolpern. Ich hatte Schwierigkeiten mich zu orientieren, wurde unsicher und ängstlich.

Gott weiß, wie wichtig es für uns ist, sehen zu können, um unseren Weg zu finden und uns sicher zu fühlen. Wir brauchen Orientierung in unserer verwirrenden Welt. Deshalb ist auch in der Bibel oft vom Licht die Rede. Jesus wird als das Licht der Welt bezeichnet. Er ist als einziger imstande, das Dunkel unserer Ängste und Nöte zu vertreiben. Ich bin neu dankbar geworden für diese Orientierung, die Christus mir gibt und von der ich gerne weitererzählen will.

Früher habt auch ihr in Dunkelheit gelebt; aber heute ist das anders: Durch den Herrn seid ihr im Licht. Darum lebt nun auch als Kinder des Lichts! Ein solches Leben führt zu aufrichtiger Güte, Gerechtigkeit und Wahrheit. *Eph. 5,8-9*

Tüchtigkeit

Schon so manches Mal habe ich mich richtig geärgert über etwas, das ich in der Bibel gelesen habe. Ein Erlebnis ist mir noch gut in Erinnerung. Es ging um die viel zitierte Stelle aus dem Buch der Sprüche, die mich so aufregte: „Das Lob der tüchtigen Frau" in Sprüche 31,10-31.

Beim oberflächlichen Durchlesen würde man sagen: ja, eine klassische „Marta", ohne Rast und Ruhe arbeitet sie den ganzen Tag. Gönnt sich keine Pause. Sogar in der Nacht arbeitet sie noch. Ein Workaholic.

Und das bitteschön soll mein Vorbild sein? Eine ruhelose, rastlose Person, die ständig nur schuftet und vielleicht denen ein schlechtes Gewissen macht, die weniger schaffen? Das soll ein erfülltes Leben sein?

In meiner Aufgebrachtheit war ich nicht fähig, zwischen den Zeilen zu lesen. Also ließ ich den Text erstmal ruhen, bis ich mich selbst beruhigt hatte. Etwas später nahm ich die Bibel wieder zur Hand und bat Gott, mir zu helfen, diese Stelle besser zu verstehen.

Da wurde mir klar, welchen Fehler ich gemacht hatte. Ich hatte alles, was da stand, als Appell aufgefasst. Ich dachte, ich sollte so werden wie die „tüchtige Frau": unermüdlich werken, flicken, weben und was sonst noch alles.

Aber im Grunde ist dies die Beschreibung einer erfolgreichen Managerin. Mit ein wenig innerlichem Abstand fand ich hier das Porträt einer richtigen Powerfrau, die, erfüllt von Gottes Kraft, ganz in dem aufgeht, was sie tut. Sie ist die Herrin eines großen Haushaltes, gleichzeitig Geschäftsfrau und Handwerkerin. Ihre Tätigkeit macht ihr anscheinend

Spaß, denn sonst würde sie nicht bis tief in die Nacht hinein arbeiten und trotzdem voller Energie bleiben. Und wäre sie dabei griesgrämig und bitter, denke ich nicht, dass ihr Mann und ihre Söhne sie dafür mit „standing ovations" ehren würden. Sie hat also ihre Berufung gefunden und tut das, was sie gut kann, gerne. Sie ist eine Frau der Tat, die Mitleid mit den Bedürftigen hat. Deshalb hat auch ihr Wort Gewicht.

Diese Frau ist also tatsächlich ein Vorbild. Die kraftvolle Art und Weise, wie sie an die Dinge herangeht sowie ihre Beziehung zu Gott sind nachahmenswert. Herausfinden, was im Leben meine Berufung ist und dann meine ganze Energie dafür verwenden – das will ich von ihr lernen!

Wieder einmal habe ich gemerkt, dass sich die wirklich tiefen Weisheiten im Wort Gottes nicht beim ersten Durchlesen erschließen – schon gar nicht, wenn man mit Vorurteilen behaftet ist, wie ich es war. Manches erscheint im ersten Moment sogar widersprüchlich. Doch gerade das kann ein Anstoß sein, sich näher damit zu beschäftigen: das Wort Gottes zu meditieren, es im Herzen wirken zu lassen, kulturelle Hintergründe zu erforschen. Ich habe immer wieder die Erfahrung gemacht, dass die Bibel in mein Leben spricht wie kein anderes Buch. Immer wieder fordert sie mich heraus, von den verschiedenen Charakteren, die dort beschrieben werden, für mein eigenes Leben zu lernen.

Dein Wort ist wie ein Licht in der Nacht, das meinen Weg erleuchtet. *Ps. 119,105*

Endlichkeit

Ich war gerade allein im Schnee spazieren, als die Sirenen heulten und von überall her Feuerwehrautos zum nahen Einsatzort fuhren. War es ein Brand, ein Unfall? Während ich damit beschäftigt war, auf großen Steinen einen seichten Fluss zu überqueren, nahm ich das Geräusch eines Hubschraubers wahr. Also doch ein Unfall. Bei den schlechten Straßenverhältnissen kein Wunder. Doch Unfälle passieren andauernd. In den Nachrichten wird täglich darüber berichtet. So betete ich kurz für die Beteiligten und schob dann alle Grübeleien zu diesem Thema schnell wieder fort. Ich wollte meine freie Stunde schließlich ausgiebig genießen!

Am nächsten Tag bekam ich einen gewaltigen Schreck, als ich durch Georg erfuhr, wer an dem Unfall beteiligt war. Es war nur ein einziges Auto gewesen und nicht eine Massenkarambolage, wie ich angenommen hatte. An einer berüchtigten Stelle, etwa fünf Kilometer von mir entfernt, war es ins Schleudern gekommen und gegen einen Baum geprallt. Die Fahrerin, Mutter eines Klassenkameraden von Fritz, war allein unterwegs gewesen.

Einige Tage danach starb sie an den Folgen des Unfalls.

Zuerst war ich wie benommen, dann kam Wut in mir hoch. Nein, das kann doch nicht sein! Gott, das ist nicht fair, einer Familie die Mutter zu entreißen! Meine eigenen Ängste begannen wach zu werden. Denn sobald es um meine Kinder geht, ist mein Vertrauen zu Gott sehr begrenzt.

Ich habe mich schon vor längerer Zeit mit dem Thema Tod auseinandergesetzt und versuche, mir immer wieder bewusst zu machen, dass ich jederzeit sterben kann. Ich habe mein eigenes Begräbnis durchdacht und mich um die Versorgung unserer Kinder gekümmert, falls wir sterben sollten, solange sie noch klein sind. Doch konfrontiert mit der harten Realität stand ich plötzlich auf Glatteis! Ich fand das einfach nicht fair. Ich merkte deutlich, dass ich Gott meine Kinder noch nicht wirklich anvertraut hatte.

Was wäre, wenn... ich ihm diesen Lebensbereich einfach auch übergeben würde? Wieder einmal ging es um's Loslassen. Mir fielen Mütter aus der Bibel ein, die ihre Kinder loslassen mussten. Wie hat wohl Hannah gekämpft, als sie ihren dreijährigen Samuel im Tempel zurückließ? Wie hat sich wohl Maria gefühlt, als sie Jesus ganz Gott überlassen musste? Lange musste ich mit mir ringen.

„Bist du bereit, mir ganz zu vertrauen – auch bei deinen Kindern?", hörte ich Gott in meinem Herzen fragen. Alles. Auch mein Allerkostbarstes. Mein Verstand wehrte sich, meine Angst hielt mich zurück. Doch mein Herz antwortete endlich: „Ja, Gott, Du bist der Herr meines Lebens und ich vertraue Dir. In allem."

Ich aber, Herr, vertraue dir. Du bist mein Gott, daran halte ich fest. Was die Zeit auch bringen mag, es liegt in deiner Hand. *Psalm 31,15-16*

Motivation

Unser mittlerweile siebenjähriger Sohn Fritz und sein Bruder Benni haben im vorigen Winter einen dreitägigen Ski-Kurs besucht und dabei ganz passabel fahren gelernt. Als nun der Schnee etwas auf sich warten ließ, beschlossen wir eines Tages, auf einen beliebten Ausflugsberg zu fahren, obwohl der Skilift noch nicht in Betrieb war. Dort angekommen, lachte uns winterliches Weiß entgegen, gerade so viel, dass die Wiese bedeckt war. Eigentlich wollten wir nur auf der Hütte zu Mittag essen, ein wenig im Schnee herumtollen und dann wieder heimfahren. Doch vorsichtshalber hatte ich die Ski der Kinder eingepackt, denn man weiß ja nie...

Nach dem Essen schnallte Fritz sofort seine Ski an. Hochmotiviert stapfte er die unpräparierte Piste hinauf und winkte uns von oben. Dann fuhr er breitbeinig herunter und machte Pflugbogen, als hätte er nie etwas anderes getan. Georg und ich waren begeistert. Wir hätten nicht gedacht, dass es auf Anhieb so gut klappen würde!

Nach seiner ersten Abfahrt folgte nun ein sonderbares Ritual: er jubelte, riss beide Arme hoch, schlug die Stöcke aneinander und zelebrierte seinen „Sieg". Nachdem er sich selber ausgiebig applaudiert hatte, nahm er den Hügel von neuem in Angriff. Stetig stapfte er durch den Schnee, fuhr hinunter, bejubelte seine Leistung und begann wieder von vorne. Ein paar Mal stürzte er, doch das machte ihm nichts aus. Selbständig rappelte er sich hoch und weiter ging's. Ich bewunderte seine unglaubliche Ausdauer und Willensstärke, doch vor allem seine Fähigkeit, sich immer wieder selber zu motivieren.

Wie sieht's da bei mir aus? Freue ich mich über meine „Siege"? Der Wahrheit halber muss ich gestehen, dass ich viel öfter in Frust verfalle, wieder mal nicht alles geschafft zu haben, was ich mir vorgenommen hatte. Ich käme nicht auf die Idee, mir selber auf die Schulter zu klopfen für einen halb erledigten Berg Wäsche oder ein zur Hälfte gesaugtes Wohnzimmer. Erst wenn alles fertig ist, gibt's ein Lob... Und dann auch nur selten, weil ich schon wieder mit der nächsten Sache beschäftigt bin. So versäume ich viele schöne und aufbauende Momente, die mir Energie verleihen könnten.

Fritz stattdessen hat jeden einzelnen Teilerfolg gewürdigt. Das hat ihn so sehr motiviert, dass er weiterlernen wollte. Er hat sich selber wegen eines Fehlers nie fertiggemacht, doch seine Erfolge jedes Mal gebührend gefeiert!

So will ich es auch im Alltag machen und die Gelegenheiten zum Feiern nützen! Alle Zutaten für den leckeren Spaghetti-Sugo sind im Topf, nun darf er eine Weile vor sich hinblubbern. Zeit, diesen Etappensieg zu feiern! Ein kleines Freudentänzchen gefällig? Gut hast du das gemacht, Maria! Die Nudeln kochen sich dann fast von alleine... Könnte zum Lebensstil werden, diese Fröhlichkeit! Na, motiviert?

Lasst den Mut nicht sinken, denn die Freude am Herrn gibt euch Kraft! *Neh. 8,10*

Geschenke

Ich bin anspruchsvoll, was Geschenke betrifft. Georg hat damit öfter seine liebe Not. Er gibt sein Bestes und versucht meinen Geschmack zu treffen. Stellt beim Floristen eigenhändig ausgefallene Sträuße zusammen, nur um dann zu Hause meinen enttäuschten Blick zu ernten. Dabei will ich gar nicht undankbar sein! Ich habe nur eben eine genaue Vorstellung davon, was mir gefällt. Und das kann sich auch immer mal wieder verändern. Früher hasste ich zum Beispiel die Farbe Rosa. Seit einigen Jahren liebe ich sie geradezu... Mein Mann, ein stetiger Mensch, hat da so seine Schwierigkeiten mit meinen wechselnden Launen und Vorlieben. Für mich ist es andererseits fast unerträglich, ohne Abwechslung zu leben. Ich liebe Überraschungen – nur sollten diese eben meinem Geschmack entsprechen...

Doch auch wenn Georg nicht immer „ins Schwarze" trifft mit seinen Geschenken, weiß ich inzwischen seine Mühen zu schätzen. Das war während unserer Verlobungszeit noch anders: Georg und ich beschlossen zu heiraten. Ich wünschte mir aber einen „richtigen" Heiratsantrag und wartete gespannt darauf, was er sich wohl Originelles einfallen ließe. Ich wünschte mir insgeheim, dass er um mich kämpft und dabei alle Register zieht. Doch er dachte, mit einer roten Rose beim Candlelight-Dinner wär's getan. Enttäuscht gab ich ihm ein halbes Jahr Zeit, um es nochmals zu versuchen.

Eines Abends sahen wir uns den Film „Titanic" im Kino an. Danach lud er mich noch zu sich ein. Völlig nichtsahnend fand ich einen Strauß Christrosen und ein Geschenk auf dem Tisch. Als ich es öffnete, leuchtete mir ein blauer Herzanhänger entgegen – wie im Film. Dabei stand auf französisch: „Das Herz des Ozeans für die Frau meiner Träume." Ich war so gerührt, dass ich ihm heulend um den Hals fiel.

Als ich mich wieder beruhigt hatte, sagte ich kleinlaut: „Du, Georg, ich finde das Herz ein tolles Symbol. Aber denkst du, ich kann es gegen ein anderes Schmuckstück umtauschen? Es gefällt mir nämlich nicht wirklich…"

Mein lieber Mann ist damals aus allen Wolken gefallen… Aber er hatte die Charakterstärke, sogar diese „Ohrfeige" ritterlich hinzunehmen und mir dies zu gewähren.

Noch heute trage ich die Halskette mit einem Schmunzeln. Ich finde es fast schade, dass ich das Herz umgetauscht habe. Denn inzwischen weiß ich, dass es beim Schenken ja nicht in erster Linie um Dinge, sondern um die Absicht dahinter geht – wie folgender Spruch ausdrückt: „Beurteile deine Freunde nach dem, was du an ihnen schätzt. Betrachte nicht die Außenseite, nicht das, was sie tun, sondern sieh auf das, was sie ausdrücken wollten."

Mittlerweile gelingt es mir, Georgs Versuche, mir Freude zu bereiten, mit einem tieferen Blick zu betrachten. Es berührt mich, dass er es trotz allem immer noch nicht aufgegeben hat, mich beschenken zu wollen. So freue ich mich einfach über jede einzelne Blume. Und wenn ich mal einen Strauß nach meinem Geschmack haben möchte, kaufe ich mir ab und zu einfach selbst einen!

Ich urteile nach anderen Maßstäben als die Menschen. Für die Menschen ist wichtig, was sie mit den Augen wahrnehmen können; ich dagegen schaue jedem Menschen ins Herz.

1. Sam. 16,7b

Dunkle Zeiten

Es geschah am 23. Dezember 2008. Ich war mit unserer Tochter Sara in der 13. Woche schwanger und gerade dabei, mit meinem Mann den Christbaum für den Heiligen Abend aufzustellen. Bisher war die Schwangerschaft komplikationslos verlaufen und so erschrak ich sehr, als ich bemerkte, dass ich Flüssigkeit verlor. Beunruhigt stellte ich fest, dass ich stark blutete. Ich konnte es nicht fassen! Weinend rief ich nach meinem Mann und eine halbe Stunde später waren wir bereits im Krankenhaus. Nachdem mich die Ärztin genau untersucht hatte, meinte sie, die Überlebenschance unseres Kindes wäre bei etwa 20 Prozent. Ich war total verstört. Die Blutung war so stark, dass ich die Hoffnung fast aufgab. Ich sah mich schon auf dem Operationstisch liegen und um unser Kind trauern. Ein letzter kleiner Funke Hoffnung blieb mir noch und so bat und bettelte ich Gott an, er möge doch eingreifen und uns beschützen. Gleichzeitig überließ ich ihm die ganze Situation in dem Vertrauen, dass er alles zu unserem Besten fügen würde, egal wie die Sache nun ausging. Trotz meiner Ohnmacht, die ich spürte, konnte ich mich ganz fallenlassen und fand sogar etwas Schlaf.

Als mich am nächsten Morgen die Ärztin noch einmal untersuchte, stellte sie mit großem Erstaunen fest, dass die Blutung aufgehört und sich der Bluterguss, der an allem schuld war, auf die Hälfte reduziert hatte. Ich durfte sogar kurz aufstehen, um an der Weihnachtsfeier der Station teilzuhaben. Mein Mann und unsere zwei Buben kamen mich besuchen, ausgerüstet mit einem kleinen selbstgebastelten Christbaum und Krippenfiguren, denn wir nahmen alle an, dass ich den Heiligen Abend diesmal im Krankenhaus verbringen musste. Doch alles kam ganz anders. Mein Zustand war am Abend so stabil, dass die Ärzte mich sogar nach Hause gehen ließen. Freilich musste ich die ersten paar Wochen liegen und durfte mich auch sonst nicht anstrengen. Doch die Freude darüber, mit meiner Familie zu Hause Weihnachten feiern zu dürfen, war so groß, dass ich es beinahe nicht fassen konnte. Es wurde mein bisher schönstes Weihnachten. Tiefe Dankbarkeit erfüllte mich. Gott hatte mich dem gähnenden Abgrund entrissen, der sich vor mir aufgetan hatte und darüber war ich so glücklich, dass ich stundenlang Loblieder singen wollte. Er war für mich ganz spürbar und konkret zum Retter geworden.

Wenn ich heute meine kleine gesunde Tochter in den Armen halte, erinnere ich mich noch oft daran und jedes Mal überkommt mich eine große Ehrfurcht. Nichts ist mehr selbstverständlich für mich seit jenem Tag. Doch alles ist für mich ein Grund, Gott dankbar zu sein.

Das Wasser schlug über mir zusammen, und ich dachte schon: „Das ist das Ende!" Da schrie ich zu dir um Hilfe, o Herr, unten aus der Grube: „Verschließe dein Ohr nicht vor meinem Seufzen und Schreien!" Und du hast mich erhört!

Klgl. 3,54-56

Augenblicke

Was mich an Kindern immer schon fasziniert hat, sind ihre blitzenden, leuchtenden Augen, wenn sie von etwas begeistert sind. Dieses Leuchten ist für mich so ansteckend, dass ich das Leben plötzlich spannend und aufregend finde. Und ich möchte es wieder und wieder sehen, es den Kindern irgendwie entlocken, fast so, als würde ich einen Weg zurück in die Welt meiner Kindheit suchen. Vielleicht feiere ich auch deshalb Weihnachten und andere Feste so gern im Kreis der Familie. Strahlende Augen und dieses unverfälschte Lachen! Was gibt es Schöneres?

Gemeinsam mit meiner Freundin Petra unterrichtete ich vor einigen Jahren als Freiwillige an einer Schule für Straßenkinder in Kalkutta. Normalerweise fuhren wir mit dem Bus die halbe Stunde zur „Gandhi School", doch an einem Tag gab es einen Generalstreik und so mussten wir zu Fuß gehen. Niemandem schien es etwas auszumachen, dass gestreikt wurde. Für uns war es ein eigenartiges Gefühl, auf den sonst so dicht und chaotisch befahrenen Straßen dahinzumarschieren. Junge Burschen spielten auf den Straßen Kricket und wir hatten den Eindruck, dass die Menschen die Erweiterung ihres Lebensraumes für ein paar Stunden richtig ausgiebig genossen. Als wir uns nach etwa einer Stunde Fußmarsch der Schule endlich näherten, rief plötzlich vom Gehsteig her ein wild gestikulierendes Mädchen: „Auntie, auntie, no school today!" Es war eine von Petras Schülerinnen. Die Kleine war gerade dabei, sich und auch gleich die Kleider, die sie trug, gründlich zu waschen. Ihr braunes Gesicht war von weiß-grauem Seifenschaum bedeckt, aus dem zwei schwarze, begeisterte Augen blitzten. Fröhlich winkte sie uns zu, um dann seelenruhig mit ihrer Wasserplantscherei weiterzumachen. Wir hatten gar keine Zeit, uns darüber aufzuregen, dass wir nun umsonst so weit gegangen waren, denn schon lief uns von der anderen Straßenseite her ein kleiner Junge entgegen, ebenfalls ein Schüler von Petra. Er nahm sie gleich an der Hand und meinte: „Auntie, my house, come!" Halb hüpfend zog er sie hinter sich her bis an den Straßenrand, wo über dem Gehsteig eine einfache Unterkunft errichtet worden war. Eigentlich bestand sie nur aus einem Wellblechdach auf vier Pfosten, das einen Ofen und einige Kochtöpfe beherbergte. Doch er war so stolz darauf, uns, seinen Lehrerinnen aus Europa, sein bescheidenes Zuhause und seine Familie präsentieren zu dürfen. Seine Augen leuchteten vor Begeisterung. Wir waren tief berührt und konnten gar nichts sagen. Keinen Gedanken verloren wir mehr daran, unseren „unnötigen" Weg zu bedauern. Mit dankbarem Herzen und dem Gefühl, reich beschenkt worden zu sein, traten wir einige Zeit später den Heimweg an.

Das will ich euch sagen: Wenn ihr euch nicht ändert und so werdet wie die Kinder, kommt ihr nie in Gottes neue Welt. Wer aber so klein und demütig sein kann wie ein Kind, der ist der Größte in Gottes neuer Welt. *Mt. 18,3*

Visionen verwirklichen

Manche Träume lassen sich ganz einfach verwirklichen. Mit etwas Zeit und Geld etwa.

Doch es gibt andere Träume, deren Umsetzung nicht so einfach ist. Zu viele weitere Faktoren sind zu ihrer Verwirklichung notwendig, auf die wir keinen Einfluss haben.

Einer meiner größten Herzenswünsche war es, einmal ein Buch zu schreiben. Meine beiden Großväter haben im Eigenverlag diverse Gedichtbände herausgegeben. Doch ich wollte ein „richtiges" Buch in einem „richtigen" Verlag schreiben. Worüber, war mir vorerst nicht ganz klar. Über das Leben...

Als ich Mutter wurde, begann ich einfach drauflos zu schreiben und so Heiteres und Schweres aus meinem Alltag mit den Kindern festzuhalten. Nach etwa einem halben Jahr schickte ich mein Manuskript an verschiedene Verlage und Zeitschriften – und bekam nur Absagen. Enttäuscht beschloss ich, das Ganze bleiben zu lassen.

Doch die Sehnsucht blieb. Vier Jahre lang. Und traf mich mit ganzer Wucht, als ich ein Seminar zum Thema „Persönlichkeit" besuchte. Bei einem Referat ging es um das Thema „Begabungen" und mein Herzenswunsch war wieder „an der Oberfläche". Ich weinte und fragte den Referenten, der selbst Autor ist, um Rat.

Einige Zeit später hörte ich eine Predigt von Rick Warren zum Thema „Visionen verwirklichen". Er nannte dabei sechs Punkte, die auf diesem Weg immer wieder vorkommen:

1. Dream – der Traum; ich habe eine Vision, die mich nicht loslässt
2. Decision – die Entscheidung; von ganzem Herzen für die Sache
3. Delay – die Verzögerung; alles gerät ins Stocken
4. Difficulties – Schwierigkeiten tauchen auf
5. Dead End – Sackgasse; das Projekt scheint zu scheitern
6. Deliverance – der Durchbruch; mit Gottes Hilfe wird der Traum wahr, zu Seiner Ehre!

Das ließ mich aufhorchen. Konnte es also sein, dass mein Traum nicht wirklich gestorben war? Dass es noch Chancen gab? Ich bat Gott um Hilfe und wollte es ein letztes Mal versuchen. Im Internet suchte ich mir die Adresse eines Verlages, den ich bisher noch nicht kontaktiert hatte. Mit bangem Herzen schrieb ich an die Verlagsleitung.

Nach langem Hin und Her bekam ich das Angebot, etwas Neues aus meinen Texten zu machen. Ich sollte gemeinsam mit einer Lektorin alles noch mal überarbeiten und ein Andachtsbuch für Mütter daraus machen. Das Ergebnis hältst Du nun in Händen…

Rückblickend bin ich dankbar, diesen langwierigen Prozess von Anfang bis Ende mit Gottes Führung durchgestanden zu haben. Die sechs D-Wörter habe ich mir eingeprägt und werde auch in Zukunft dadurch den Mut finden, durchzuhalten, wenn mal nicht gleich alles gelingt.

Vertrau dich dem Herrn an und sorge dich nicht um deine Zukunft! Überlass sie Gott, er wird es richtig machen.

Ps. 37,5